TIC Y EDUCACIÓN

Temas, reflexiones y preguntas de investigación

Ma. Soledad Bravo B.

Copyright © 2020 María de la Soledad Bravo Barrueco
Todos los derechos reservados.

ISBN: 978-84-09-22022-9

Primera edición, Julio 2020.

Se prohibe la reproducción parcial o total de este libro, así como su incorporación a sistemas informáticos de recuperación o transmisión en cualquier forma o por cualquier medio electrónico, mecánico, fotocopiado, grabación u otro, sin autorización previa y por escrito de la autora.
La infracción de dichos derechos puede constituir un delito contra la propiedad intelectual.

Diseño de portada: María de la Soledad Bravo B.

Contacto: mariasoledadbravob@gmail.com

Madrid, España
CP 28030

DEDICATORIA

A Luis, Gaby, Nacho y Ale.

ÍNDICE

A MANERA DE INTRODUCCIÓN

*Cuando creíamos que teníamos todas las respuestas,
de pronto, cambiaron todas las preguntas.*

Mario Benedetti.

El siglo XXI se ha caracterizado por la incorporación de los avances de la informática y la telemática a través de las Tecnologías de Información y Comunicación (TIC), lo cual ha dado lugar a la industria de la información y posteriormente ha permitido que el conocimiento se convierta en la materia prima de mayor valor del presente siglo, esto ha repercutido en grandes beneficios para la sociedad y los individuos que tienen acceso a la tecnología y en grandes barreras para quienes aún se mantienen excluidos del acceso a las mismas, así su repercusión continúa impactando en diversos ámbitos de la vida.

En la mayoría de los casos, nuestras capacidades de actuación se han potenciado gracias al acceso a innumerables herramientas que facilitan el trabajo, las comunicaciones, el acceso a la información, el ocio y la resolución de tareas cotidianas, pero debemos considerar que la acelerada evolución de las tecnologías requiere una postura crítica, ética y responsable para reaccionar adecuadamente ante los cambios en un contexto global donde también se requiere proteger al individuo, la vida en sociedad y la cultura, pues a la par que surge el teletrabajo y gran variedad de ocupaciones vinculadas al diseño y uso de software y aplicaciones derivadas de las TIC, también surgen algunos males como la ciberdelincuencia, el ciberbuling, el hackeo de sitios web, entre otros, lo que propicia tanto el debate como el surgimiento de nuevos empleos vinculados a los derechos digitales, la ciberseguridad, el tratamiento de datos, el uso de la firma electrónica y el aprovechamiento de la huella digital, entre otros.

Si bien reconocemos el crecimiento exponencial y permanente de las herramientas tecnológicas, su diversificación y posibilidad de uso en diversos ámbitos de la vida, es preciso señalar que se puede incrementar y facilitar la comunicación y el acceso al conocimiento, pero también aislar y ampliar la brecha digital entre incluidos y excluidos de las TIC. Además, se encuentran barreras para la masificación del uso de las TIC o para la inclusión digital, tanto por falta de formación de los actores sociales, docentes, estudiantes o comunidades como por las propias limitaciones tecnológicas o de inversión en infraestructura, como dotación, conexión, ancho de banda, entre otros, aspecto que se observa con mayor frecuencia en algunos países de África y América Latina.

En tal sentido, no basta con medir la brecha digital *en términos de cuántos* tienen acceso a las TIC e Internet, sino en *términos de calidad y en términos del cómo* es o no ese acceso, por lo que debemos profundizar en la brecha que se genera a partir de la producción y acceso a contenidos digitales, a medios didácticos para el aprendizaje abierto, servicios, innovaciones, softwares, plataformas y aplicaciones de diversa utilidad, así como a oportunidades formativas a partir del acceso a las TIC y que permitan mermar disparidades de diversa índole.

Repensar la educación entre las imágenes y los imaginarios tecno culturales, implica según Tellez (2000) pensarla como un ámbito en el que coexisten heterogeneidad de prácticas y dispositivos con plurales sentidos contradictorios o complementarios, para la autora, si estamos frente a un abismo debemos conocerlo de ambos lados para situar otras maneras de pensar y hacer las prácticas educativas en un tiempo en que los modos de constitución de subjetividades transitan entre dispositivos, pautas y comportamientos de polisémico sentido lo que estremece las representaciones, los saberes, los imaginarios, el conocimiento, cambian las modalidades de regulación social, las pautas culturales y las formas de relacionarse.

Estos escenarios, más que preocuparnos deben verse como una oportunidad para ocuparnos y fundamentalmente en el campo educativo, en el cual los cambios generados por las TIC demandan desarrollar e implementar nuevas competencias por parte de docentes y estudiantes, además de valorar el liderazgo, la cultura de la organización y el papel de los directivos y líderes frente a las nuevas perspectivas que surgen para las instituciones educativas que desean implantar o activar proyectos apoyados en el uso de las TIC tanto en situaciones de normalidad como para afrontar situaciones inesperadas.

Es importante señalar que el fenómeno de la pandemia vivida en el primer semestre de 2020 a nivel mundial y los correspondientes estados de alarma implementados por la mayoría de los países para contener la propagación del covid-19, ha tomado a algunos docentes, instituciones, estudiantes y padres por sorpresa. Ante esta situación a todas luces inesperada e inédita, todas las actividades educativas presenciales tanto a nivel público como privado y desde la educación inicial hasta la universitaria fueron suspendidas abruptamente y se requirió "virtualizar las clases presenciales" a los fines de dar continuidad a los programas académicos durante la etapa de confinamiento. Sin embargo, la inquietud de docentes, estudiantes y familia ante ese nuevo escenario formativo creó tensiones y críticas más en contra que a favor de la formación no presencial. Para algunos despertó la creatividad y fue un aliciente, para otros una barrera más, porque además, no se trata de virtualizar la clase presencial o tradicional de manera automática, se requiere repensar y accionar para decidir qué y cómo desarrollar los contenidos en el espacio virtual mediante estrategias que sean potencialmente significativas, que permitan el aprovechamiento de los recursos disponibles en la red y/o el diseño de actividades propias y contextualizadas con las características de los estudiantes, los contenidos de la disciplina y el entorno inmediato.

A partir de la experiencia formativa vivida por estudiantes y profesores de la Universidad de Navarra durante la crisis sanitaria, Fernández-Gubieda (2020), plantea reflexiones importantes sobre la formación y el rol del docente:

> La formación confinada es un modo forzado y fugaz de la educación a distancia. Nos hemos adaptado a la crisis, pero ahora toca introducir método y estrategia. Lo virtual y lo físico son las nuevas coordenadas de la comunidad universitaria… un cambio de entorno supone un cambio de reglas. Debemos llevar al plano asíncrono el aprendizaje del alumno y dejar para lo presencial sólo aquello que agregue valor diferencial. La nueva docencia transita por metodologías que buscan el desarrollo integral del alumno, …el papel docente debe mutar poco a poco, con realismo y humildad: desde el rol de transmisor de conocimientos a un rol de diseñador de experiencias de aprendizaje. (p.14)

Como nunca antes, confirmamos que resulta impostergable continuar la formación de los docentes en materia de TIC aplicadas a la educación y la necesaria implicación de los directivos y/o coordinadores de centros, así como de padres y representantes, puesto que si bien algunos de estos actores pueden responder de manera exitosa a esta demanda, para otros, la formación, el acceso a Internet, la dotación de ordenadores y el convencimiento en torno a las bondades formativas de las TIC, continúa siendo una limitación para el logro de experiencias de aprendizaje enriquecedoras y para propiciar el hábito de emplearlas como herramientas para aprender a aprender y para su uso cotidiano.

Reconozco, -salvando las debilidades de algunos sectores o colectivos- que el campo educativo se puede nutrir de los aportes de las TIC a partir de importantes bondades como la deslocalización en tiempo y espacio, la asincronía, la interactividad e instantaneidad, la posibilidad de adaptación y personalización, lo que hace posible el uso de una amplia gama de herramientas que facilitan el acceso a fuentes de datos e información en breve tiempo, proveen la comunicación en tiempo real y asíncrono, la posibilidad de contacto y comunicación a través de redes, la tele y videoconferencia, las aplicaciones y software gratuito, el acceso a contenidos educativos digitales en diversos formatos, con crecientes niveles de dificultad, incluso con aportes de la gamificación, lo que las convierten en herramientas para el aprendizaje permanente, colaborativo y a lo largo de la vida, la búsqueda, selección y difusión de información para la construcción del conocimiento, la conformación de redes de aprendizaje e investigación, redes sociales, entre otros.

Sin embargo, los colectivos que no tengan acceso a ordenadores, Internet y competencias tecnológicas seguirán siendo más excluidos, por lo que la pobreza seguirá ampliando su multidimensionalidad y multifactorialidad, pues la existencia de ordenadores en los centros y la conexión a Internet no basta para reestructurar las prácticas educativas, se requiere valorar las TIC en el marco de las políticas educativas, la formación del docente y la integración curricular de la tecnología a la luz de los planteamientos y el modelo pedagógico, desde una postura crítica y reflexiva que rescate la autonomía, las ventajas de la interactividad y el aprendizaje permanente. Por lo tanto, a la par de incorporar las TIC en ámbitos educativos, es propicio generar acciones para que todos los docentes y estudiantes tengan acceso a las oportunidades que generan las TIC tanto en sus entornos educativos como en el hogar de manera que podamos transitar hacia una verdadera democratización de las TIC y la construcción de la sociedad del conocimiento.

En este sentido, quienes nos desempeñamos en el campo de la docencia y la investigación en y para las instituciones educativas, nos encontramos en un momento que sigue siendo crucial, porque debemos lograr que estas tecnologías no solo sirvan para obtener información, sino también para construir conocimiento, difundirlo y hacer las TIC "más humanas", contextualizar sus usos y aplicaciones para conectar lo local con lo global, trascender de lo momentáneo a lo permanente, crear hábitos y experiencias significativas para el aprendizaje, el trabajo y el ocio, entre otros retos.

Esta realidad representa un desafío para los docentes en general y en particular para las instituciones de formación docente y/o magisterio como universidades, facultades o escuelas de educación, escuelas normales, entre otras, de modo que logren incorporarlas en los procesos académicos y de gestión "hasta que se tornen invisibles", contribuyan a la inclusión social, la inclusión de género y la diversidad cultural, desde la conformación de una cultura tecnológica e investigativa que se apuntale en una postura reflexiva para la apropiación y uso de las TIC.

Ante la disyuntiva que surge en buena parte de los estudiantes de pre y posgrado al seleccionar la temática de su trabajo de grado o tesis, que incluye en muchos casos el síndrome TMT (todo menos tesis), la intencionalidad de esta obra se orienta a proporcionar a los investigadores del área de ciencias sociales, humanidades y particularmente en educación, una oportunidad para la indagación teórica, la contrastación de las interrogantes aquí planteadas y/o para generar otras interrogantes que permitan comprender el uso de las TIC en este sector, valorar su impacto, comprender los procesos de interacción y/o integración de las TIC, generar soluciones o nuevas perspectivas de análisis para dar respuesta de manera dinámica, innovadora y contextualizada a la implantación de procesos formativos y de gestión mediados por tecnologías.

En términos generales, ya sea desde la perspectiva metodológica cuantitativa o cualitativa conviene que el investigador se formule algunas interrogantes como las propuestas por Piñero, Rivera y Esteban (2019), ¿sobre qué voy a investigar?, ¿qué tema elegiré?, ¿qué tanto se habrá investigado sobre el tema?, ¿qué método emplearé?, ¿qué puedo aportar con mi investigación?, ¿a quién o quiénes puedo abordar con el estudio? y ¿cuál es mi objeto de estudio?.

Otro aspecto a considerar es la apertura paradigmática al investigar en el área de las TIC, pues existe la creencia de que las tecnologías *per se* son positivistas, descuidando que en el ámbito educativo no son las TIC en su esencia lo que investigamos sino su aporte y usos para la mejora del aprendizaje, el ejercicio docente y la gestión escolar, lo que sigue siendo un proceso eminentemente humano y por consiguiente multifactorial. Ante el imponderable valor académico que genera para las instituciones educativas formar con las TIC, investigar con ellas y analizar su necesidad y/o impacto en los diversos procesos y niveles de formación, así como generar conocimiento desde diversos paradigmas, enfoques, métodos y técnicas de investigación, respeto la postura ontoepistémica que asuma el investigador apoyado en su experiencia y percepción, asumo que es el objeto a investigar quien determina la vía indagatoria para abordar el estudio y sugiero que sea el autor quien tome la decisión de conducir su trabajo desde la óptica que estime pertinente, con los criterios de rigurosidad y calidad que el paradigma asumido implique.

Aunque desde mi punto de vista, admito que la investigación en el campo de la educación, como objeto de estudio de las ciencias sociales aborda grupos sociales particulares, los significados de sus protagonistas, sus percepciones, acciones e interacciones en escenarios ontológicamente múltiples, holísticos, heterogéneos, construidos y divergentes, donde cobran vida la subjetividad e intersubjetividad, por lo cual se asume el conocimiento como una construcción que resulta de la dialéctica entre el investigador y el objeto de estudio, éste último, caracterizado por ser complejo, sistémico e influenciado por innumerables variables. Estas precisiones, distan de los supuestos de la investigación en ciencias naturales y propician otras vías para aproximarse al conocimiento que difieren de las nociones positivistas que asumen la realidad absoluta, medible, comprobable, el conocimiento objetivo, la relación neutral e independiente entre el investigador y el objeto, además de la generalización de los hallazgos.

En este orden de ideas, aseveran Colás y Buendía (1998), los métodos de investigación han de adecuarse a la naturaleza de la educación. "El carácter dinámico, personal, intencional y de transformación hacen difícil aceptar el carácter exclusivamente nomotético en las Ciencias de la Educación y se comienza a dar opción a otros enfoques ideográficos" (p.48).

En tal sentido, es necesario que el investigador reflexione, documente y declare en su estudio las dimensiones ontológica, epistemológica y metodológica que le orientan a los fines de clarificar como concibe la realidad, la generación del conocimiento y su acercamiento al objeto de estudio. Esas premisas permiten comprender la correspondencia de la relación investigador-método-objeto, así como valorar la pertinencia de los métodos, técnicas e instrumentos que sirven de soporte al proceso investigativo.

Finalmente, declaro que esta obra se vincula con el ¿qué investigar?, para ello no se presentan líneas acabadas ni definitivas, por el contrario, ofrezco más preguntas que respuestas, a partir de mi visión particular como docente, investigadora y formadora de profesores e investigadores, y apoyada en fuentes especializadas que justifican teóricamente los planteamientos presentados, los que estimo pueden incentivar la revisión teórica, la búsqueda de información, la reflexión y la toma de decisiones para orientar y motivar la selección del objeto de estudio al desarrollar Proyectos, Trabajos de Fin de Carrera, Tesis Doctorales, Trabajos de ascenso o investigaciones libres en alguna de las temáticas presentadas y en niveles educativos específicos a partir de la valoración de los contextos particulares de aplicación de las TIC, el interés y las competencias del investigador.

En tal sentido, la obra ha sido organizada en seis capítulos. El primero aborda la contextualización de las TIC en el ámbito educativo dese una postura crítica y reflexiva, los mitos y realidades en torno a su integración curricular. En el segundo capítulo se incluyen los referentes, índices y marcos jurídicos o legales internacionales, latinoamericanos y europeos que sustentan la integración de las TIC en los procesos educativos y de gestión, el desarrollo de competencias docentes y algunos ejemplos de Proyectos para la incorporación de las TIC desde políticas de Estado. El capítulo tres, presenta un acercamiento al término competencias en sentido amplio y competencias tecnológicas desde la integración de los aportes de varios autores, así como referentes para la evaluación. En el capítulo cuatro se hace un acercamiento a los procesos de pensamiento del profesor y su importancia para la incorporación de las TIC. El capítulo cinco incluye la cultura organizacional y la cultura tecnológica en el marco de la organización, así como el papel del liderazgo en los procesos mediados por TIC. Cada capítulo incluye una serie de interrogantes vinculadas con la temática expuesta y con las inquietudes que han surgido en su desarrollo que se estima permitan propiciar la reflexión y revisión de escenarios para orientar la selección del objeto de estudio por parte del investigador. En el capítulo seis se mencionan las consideraciones finales.

Estoy segura, que cualquier esfuerzo investigativo que incorpore otras miradas y otras voces sobre esta temática ofrecerá insumos para enriquecer y orientar nuestra práctica pedagógica de manera asertiva y consustanciada con las necesidades, posibilidades y recursos del entorno, para hacer de las TIC herramientas para una formación más inclusiva, contextualizada y de calidad.

Esta obra está vinculada a la Línea de Investigación TIC, Docencia e Innovación adscrita al Núcleo de Investigación en Docencia, Innovación y Tecnología de la Universidad Pedagógica Experimental Libertador, Instituto Pedagógico de Barquisimeto - Venezuela, del cual la autora es miembro fundador.

CAPÍTULO I

CONTEXTUALIZANDO EL USO DE LAS TIC EN EL CAMPO EDUCATIVO

La simbología en uso, la terminología en boga,
los nuevos códigos de comunicación
que emplean los adolescentes
convierte a la escuela en un lugar distinto y distante,
situación que se agrava si la examinamos
desde la perspectiva de los tiempos y los espacios
que se manejan en las nuevas tecnologías.
Educar para el futuro con este horizonte
implica un esfuerzo de transformación.

Roberto Donoso Torres

La sociedad ha transitado diversos momentos históricos, muchos de ellos vinculados con el quehacer científico y tecnológico a través de los tiempos. Así, la invención de la máquina de vapor, la imprenta, el teléfono, la generación de fuentes de energía, desde el fuego hasta la energía química, mecánica, eólica, atómica, entre otros, no sólo han hecho evolucionar los sistemas de producción, sino también las relaciones de trabajo, los procesos y sus materias primas, pasando incluso de tangibles a intangibles; todo ello ha marcado la vida del hombre e impactado sus diferentes ámbitos:

social, económico, político, cultural y educativo.

Los últimos años del siglo XX y los que llevamos del XXI se diferencian notablemente de los anteriores y tipifican el actual momento histórico con distintos calificativos que de alguna manera lo caracterizan, desde sociedad de la información o sociedad informacional a sociedad digital, sociedad interactiva o sociedad red hasta la deseada sociedad del conocimiento. En todo caso son denominaciones que aluden a una sociedad que se caracteriza por una inmensa disposición de datos e información, por diversos canales (no sólo en texto e hipertexto sino también en imagen y sonido), por comunicaciones inmediatas y superación de barreras de tiempo y espacio que décadas atrás no se esperaban.

Adicionalmente, se incluyen la inmaterialidad, la velocidad y la posibilidad de almacenamiento en soportes cada vez más diminutos pero paradójicamente con mayor capacidad, tales rasgos son la expresión de un nuevo escenario generado por la convergencia de la informática y la telemática dando origen a las TIC y logrando la integración de equipos, hardware, software y aplicaciones digitales y automatizadas basadas en microelectrónica, nanoelectrónica, nanotecnología, hasta fotónica y biotecnología que apoyados en el uso de Internet propician el uso intensivo de las tecnologías en la casi totalidad de los sectores económicos y sociales, impactándoles notablemente, fracturando las reglas de la economía tradicional con el comercio electrónico y la criptoeconomía, el surgimiento de nuevas formas de trabajo, el requerimiento de competencias específicas y nuevos perfiles laborales, entre otros cambios que para algunos pueden resultar un problema y para otros una solución mediante la formación, el desarrollo de nuevas competencias y el traspaso de fronteras del talento.

En opinión de García Valcárcel (2003), la revolución propiciada por las TIC se caracteriza por que los desarrollos tecnológicos afectan los procesos más que a los que a los productos, el desarrollo en redes genera una interconexión entre los sujetos sin barreras espaciales y temporales con gran impacto en la comunicación humana y el dominio de los países industrializados sobre el resto, apoyado en el control de los procesos de información y de la gestión de sus redes a nivel mundial.

Todo ello ha generado inicialmente, el surgimiento de la industria y sociedad de la información, la sociedad red por sus interconexiones y posteriormente se ha orientado hacia la construcción una economía y sociedad del conocimiento fundada en los aportes derivados de la investigación científica, la formación, el uso intensivo de las TIC y la innovación permanente. En este marco, para Berbegal (2017), utilizando una aproximación sociológica constructivista, el conocimiento es una estructura social abierta, con una doble dimensión creativa e intelectual que intermedia entre la ciencia (en el sentido académico) y la cultura (sociedad).

Como afirma Castells (2001), una nueva estructura social, la sociedad red, se está estableciendo en todo el planeta en formas diversas y con consecuencias distintas para la vida de las personas, según su historia, cultura e instituciones y al igual que en otros cambios estructurales anteriores, estos cambios pueden producir tanto oportunidades como retos. En este nuevo espacio, también cambian las relaciones entre los actores sociales y la forma de acercarse a la información y el conocimiento, pues con el surgimiento de la e-generación, también se requiere incorporar la participación-intervención de un nuevo espectador que se ha acostumbrado a una modalidad interactiva y a una pantalla multiforme, polifónica y polisémica. (Martín-Barbero, citado en Silva, 2005).

Con respecto a la tecnología, Sarramona (1990), establece desde el punto de vista epistemológico las siguientes características: (a) racionalidad, las decisiones que se adopten deben sustentarse en decisiones razonadas; (b) sistematismo, los elementos que intervienen en el proceso son contemplados en sí mismos y en relación con los demás; (c) planificación, la tecnología implica un proceso anticipatorio sobre la acción; (d) claridad de las metas, los procesos se desarrollan para alcanzar metas previamente definidas; (e) control; (f) eficacia y (g) optimización, tales características conducen a reconocer la influencia de la tecnología en la vida del hombre, en unos casos para su bienestar, en otros para su dependencia, no obstante, su presencia en la sociedad se hace cada vez más inminente.

A la par de la incorporación de estas tecnologías surge el trabajo en red e implica cambios sustanciales, que según Torrent y Ficapal (2009) se caracterizan por: (1) un uso intensivo de las TIC, de los flujos de información, comunicación y conocimiento; (2) una estrategia de las organizaciones intencionalmente orientada a la adaptación a los cambios en el entorno y para competir con la economía global apoyada en la creatividad y la innovación; (3) una organización flexible, con un trabajo autónomo por equipos y proyectos, con toma de decisiones descentralizada y supervisión basada en objetivos/resultados; (4) unos trabajadores cualificados, polivalentes, comprometidos y con una división del trabajo basada en el conocimiento, habilidades y actitudes y (5) una política de gestión de recursos humanos avanzada, con mecanismos de selección por competencias, formación y cualificación constante, formas de retribución variable y un marco de relaciones laborales flexible pero estable.

Estos cambios sustanciales han favorecido el surgimiento de nuevas empresas y organizaciones para el espacio digital, la adaptación de las que no nacieron en la era digital y que se han reinventado para sacar el mejor provecho de las TIC, a nivel económico han generado emprendimientos que orientan hacia el comercio electrónico y nuevas formas de negocio e interacción, la prensa y la literatura están cambiando a formato electrónico, el aprendizaje y las visitas a museos se virtualizan, los trámites y gestiones se agilizan mediante el gobierno electrónico, la administración pública se conecta en red, el teletrabajo surge para compensar necesidades de espacio, distancia y confinamiento, entre otros. ¿Y en el ámbito educativo? no podemos seguir formando a los estudiantes de la misma forma que lo hacíamos hace 30 años porque la sociedad no es la misma.

Y es que enseñar y aprender en este nuevo escenario implica armonizar otros elementos más allá de incorporar las TIC, como reporta Cabero (2015), no es cuestión de cambiar sólo la tecnología, debemos cambiar la pedagogía, las concepciones que tenemos sobre las TIC, las formas en las cuales tendemos a utilizarlas, y empoderar con las tecnologías las acciones qué pueden hacer los estudiantes. (p. 24). A nivel de educación superior se incorporan cada vez más estrategias didácticas, experiencias y actividades centradas en el alumno mediante tareas abiertas, fundamentadas en teorías constructivistas del aprendizaje, aprendizaje colaborativo, investigación y descubrimiento, creando un Entorno Personal de Aprendizaje –(PLE) por su acepción en inglés. (Salinas, 2013)

En tal sentido, investigar en el ámbito de las TIC y sus aplicaciones didácticas mantiene el interés de investigadores y docentes, pues aún queda mucho por descubrir, comprender, construir o co-construir, ya que incorporar las TIC de manera contextualizada, consensuada y asertiva en los procesos académicos y de gestión en los diferentes niveles educativos, representa una comprometedora labor para quienes ven en la tecnología una posibilidad para el aprendizaje a lo largo de la vida, la comunicación permanente y deslocalizada en tiempo y espacio, la superación de barreras y la inclusión o por el contrario, también para quienes desean demostrar efectos negativos de sus usos y posibles barreras.

Sin ser pesimistas, por un lado, sabemos que a pesar de las diversas políticas que el estado y las organizaciones internacionales dictan en esta materia, aún el acceso a Internet y a la tecnología no se ha logrado en los niveles esperados y por otro, la formación del docente para los usos didácticos de las TIC representa una responsabilidad permanente, de manera que se valore su uso como elementos curriculares, se integren con experiencias innovadoras y medios tradicionales y se logre un óptimo aprovechamiento de estas herramientas en el aula, en procesos mixtos y online para dar respuesta a un mayor número de estudiantes entre los que se encuentran, por un lado, los que han tenido poco acceso a las tecnologías y por otro, los que Marc Prennky denominó nativos digitales y que están familiarizados con aplicaciones y usos de las TIC en su vida cotidiana.

Además, las TIC constituyen 'otra cultura' en relación con las culturas que existen en la sociedad, por lo que generan un choque generacional entre adultos y jóvenes. Desde este punto de vista, si los docentes fueron alfabetizados culturalmente en la tecnología y formas culturales impresas, incorporarse al uso de todas las herramientas tecnológicas le resultará más difícil y por ende un choque cultural, lo que no sucede con los que pertenecen a la e-generación o los nativos tecnológicos que fueron formados en convivencia habitual con la tecnología. Yanes y Area Moreira (1998). Es evidente, que en nuestras escuelas y universidades coexisten nativos e inmigrantes digitales, los nativos provienen de una cultura anterior basada fundamentalmente en textos impresos denominados inmigrantes digitales y quienes han debido adaptarse a nuevas modalidades de interacción y comunicación digital y los nativos digitales que desarrollan una vida on-line en la que el ciberespacio forma parte de su cotidianidad y aunque ambos emplean los mismos medios tecnológicos lo hacen de una manera significativamente distinta. Monereo y Pozo (2008)

Hacia una integración curricular de las TIC

Como apunta Salinas (2008), lo fundamental no es la disponibilidad tecnológica, también debe atenderse a las características de los otros elementos del proceso didáctico y en especial al usuario del aprendizaje. Además, implica cambios en las claves organizativas en cuanto a combinación de los escenarios y la configuración de nuevos servicios integrados de aprendizaje, fundamentados en el concepto de campus electrónico, campus virtual o campus en-línea.

En otras palabras, debemos evitar un enfoque tecnocéntrico del uso de las TIC y apoyar un enfoque centrado en su integración curricular, esto implica incorporarlas con fines y propósitos educativos específicos y articuladas con el modelo pedagógico asumido para lograr una apropiación centrada en el aprendizaje y no en la tecnología, a la luz del proyecto de integración curricular de las TIC que exista en la institución y en consonancia con las políticas educativas del estado.

Para Gros (2000), integrar curricularmente las tecnologías es "utilizar las TIC en forma habitual en las aulas para tareas variadas, … en forma natural, invisible… va más allá del mero uso instrumental de la herramienta y se sitúa en el propio nivel de innovación del sistema educativo". Mientras que Sánchez (2002), afirma que la integración curricular de las TIC es el proceso de hacerlas parte del currículum, permeándolas con los principios educativos y la didáctica que conforman el engranaje del aprender, mediante un uso armónico y funcional en atención a unos propósitos específicos de aprendizaje en un marco donde el currículum oriente el uso de las TIC y no que las TIC orienten al currículum.

En concordancia con estos planteamientos, para Figueroa (2011), lograr la integración curricular de las TIC involucra una serie de requerimientos, como son:

- Cambiar la concepción centrada en las TIC a una concepción centrada en el aprender con las TIC.
- Que el Currículum oriente el uso de las TIC y no que las TIC orienten al currículum.
- Una innovación educativa.
- Asumir el cambio de roles de profesores y alumnos.
- Que el proyecto curricular incorpore las TIC como estrategia de individualización educativa.
- También implica cambios en las escuelas, en la flexibilidad de sus procesos y estructuras internas, así como una nueva relación escuela-administración-familia a partir de la creación de espacios de intercambio y comunicación.

Como se observa, la integración curricular de las TIC supone cambios en la forma de planificar y desarrollar el currículum; en los objetivos y/o competencias a desarrollar, en el proceso de enseñanza aprendizaje, en las estrategias didácticas y evaluativas, en la toma de decisiones respecto a los medios a emplear, en los roles de los actores sociales, en los aspectos organizacionales y la participación de la familia en los primeros niveles educativos.

En el caso específico de los medios, Salinas (1999), señala que al planificar y desarrollar el currículum deben considerarse los siguientes elementos: (a)Estrategias didácticas; (b) Funciones de los medios: (informativa, motivadora e instructiva); (c) Integración en el contexto; (d) Estrategias de selección de medios en atención a los objetivos; contenidos, características de los alumnos; aptitudes y habilidades del profesor; virtualidades teóricas y didácticas del material; condiciones especiales de las aulas y las limitaciones económicas, temporales o de disponibilidad; (e) Decisión de intervención por parte del profesor y (f) Cambio en los roles del profesor y del alumno: El profesor se trasforma en facilitador, guía, organizador y gestor del aprendizaje y el alumno pasa a cumplir un rol protagónico y participativo, cumpliendo las funciones de informarse; aprender; autoevaluarse y comunicarse.

Por su parte Marqués (2010) señala 6 claves para la integración curricular de las TIC, entre ellas: (1) Identificar con que infraestructuras TIC cuenta la institución y el estudiante según el tipo de actividad; (2) quien o quienes serán responsables del mantenimiento y coordinación técnico-pedagógica para brindar soporte "in situ" a los docentes; (3) De que recursos TIC disponemos, cuáles son los mejores y como elegirlos; (4) Evidenciar los apoyos y compromisos del equipo directivo en el proyecto educativo que involucre al profesorado, personal no docente, familias y alumnado así como de la Administración Educativa; (5) Formación del profesorado en competencias técnico-instrumentales, competencias didácticas, Modelos didácticos sencillos y avanzados, competencias socio-culturales y comunicacionales, conocimiento de la asignatura, habilidades instrumentales y características personales como madurez, seguridad, autoestima, equilibrio emocional y empatía y (6) La actitud del profesorado para la alfabetización digital, la mejora de la enseñanza y el aprendizaje, la innovación, la tutoría y la comunicación con las familias y el entorno.

Ante este reto y tomando en cuenta que en el contexto educativo los cambios no son tan rápidos a nivel tecnológico como en otros ámbitos, se hace necesario que quienes se aventuran y esfuerzan en la tarea de formar e investigar consigan en el campo de las TIC y la docencia un terreno en el que siguen surgiendo temáticas por investigar, pues a la par de la innovación con nuevas aplicaciones y usos, también surgen necesidades, bondades y complejidades que debemos comprender porque ante todo, es un fenómeno que al trasladarse a lo educativo es profundamente humano sin dejar de ser tecnológico y por ende, es también heterogéneo, cultural, social y multifactorial.

Para Cobo (2016), las evidencias han demostrado que el equipamiento instrumental no puede asegurar ni debe entenderse como suficiente para avanzar hacia cambios más sustantivos en cuanto a cómo se forman las nuevas generaciones. Para el autor, la ecuación es más compleja que el binomio de habilitar o no tecnología en la escuela y pensar en un sistema educativo que no incluya la tecnología es pensar en un sistema 'desconectado'; aunque reconoce que muchos aprendizajes pueden ocurrir sin tecnología, hoy en día no contar con plataformas tecnológicas para el aprendizaje es limitar dramáticamente el espectro de posibilidades, conocimientos y destrezas de educadores y educandos. Si bien la conectividad sigue incluida con gran relevancia en las agendas políticas y educativas como un desafío a superar, "…una lectura incompleta de este tema ha llevado a pensar que es únicamente a través de la tecnología como se puede entender la educación de hoy y de mañana". (p.51)

La relevancia de esta temática ha sido materia de reflexión y compromiso en la Cumbre Mundial sobre la Sociedad de la Información (CMSI) en 2003 y 2005, desde entonces se reconoce que las TIC siguen transformando todas las esferas de la vida, generando nuevas oportunidades en materia de diálogo e intercambio, empoderamiento humano y desarrollo inclusivo, así como nuevas fuentes de conocimientos prácticos, comunicaciones en red en tiempo real, medios sociales, computación en la nube, Internet de las cosas e inteligencia artificial.

Así mismo, la ONU (2015) en la Agenda 2030 para el Desarrollo Sostenible, conocida como los "Objetivos de Desarrollo Sostenible" (ODS), los cuales constituyen un marco de acción universal orientado a la construcción de sociedades sostenibles y basadas en el conocimiento, insta a la comunidad internacional a garantizar una educación inclusiva, equitativa y de calidad, promover oportunidades de aprendizaje durante toda la vida y a reducir la desigualdad en y entre los países, para lograrlo, reconoce el potencial de la tecnología.

Sin embargo, la UIT (2019d), advierte que aunque estas tecnologías han tenido un efecto positivo en la sociedad, sigue siendo necesario disponer de políticas innovadoras, herramientas, contenidos pertinentes e iniciativas de creación de capacidades para acabar con las divisiones que aún persisten en materia de alfabetización digital, género y conocimientos, así como para luchar contra los nuevos riesgos, como los vinculados con el extremismo violento, la violación de los derechos humanos, la posibilidad de tener efectos negativos para la paz, la inclusión, la igualdad de género, el desarrollo sostenible, la ciencia y el conocimiento.

Por ello la UIT (2019d), se compromete a aprovechar el potencial de las tecnologías para lograr los ODS e invita a los Estados Miembros a que refuercen su participación y contribución para definir y aplicar los indicadores de la universalidad de Internet, adoptar políticas sobre el acceso a la información, garantizar la cooperación internacional en la elaboración de una inteligencia artificial ética y centrada en el ser humano, construir sociedades del conocimiento inclusivas para todos y contribuir a la Agenda 2030 para el Desarrollo Sostenible. Adicionalmente, propone que en la agenda Educación 2030 se haga mayor énfasis en la contribución del contenido del aprendizaje a la supervivencia y la prosperidad de la humanidad y que los avances tecnológicos pueden aportar soluciones a algunos de los "antiguos" problemas de sostenibilidad.

No obstante, conviene resaltar que mientras en Europa existe una mayor tendencia a informatizar procesos en todos los sectores y a invertir en tecnologías en la educación pública, en algunos de los países de América Latina y el Caribe aún no han alcanzado superar barreras de dotación de infraestructura, acceso a Internet y a oportunidades formativas y de trabajo vinculados con las TIC, por lo que persiste una enorme brecha entre conectados y desconectados, que no solo les desconecta del mundo de la tecnología sino también de oportunidades formativas, de la construcción de conocimientos y competencias que faciliten la homologación o convalidación de titulaciones, la movilidad o los traslados horizontales a nivel educativo y por consiguientes de más y mejores oportunidades del mercado laboral en el contexto regional y global.

Según la Comisión Económica para América Latina y el Caribe (CEPAL) (2020), el Estado del Ecosistema Digital de la región de América Latina y el Caribe se ubica en un nivel de desarrollo intermedio respecto a otras regiones del mundo en términos de desarrollo de su ecosistema digital. Esta región, según la Unión Internacional de Tecnología (UIT) (2017) presenta un *índice de clasificación de desarrollo* de las TIC de 49.92 (en una escala de 0 a 100) y se encuentra en una posición más avanzada respecto a África (35.05) y Asia Pacífico (49.16).

No obstante, a pesar de los avances significativos de los últimos 15 años en el desarrollo de su ecosistema digital, América Latina y el Caribe todavía muestra un rezago respecto a Europa Occidental (con un índice de 71.06), América del Norte (80.85), Europa del Este (52.90) y los Estados Árabes agrupados en torno al acrónimo MENA (55.54). Adicionalmente, a este rezago se agrega una tasa de crecimiento anual del índice inferior a la de otras regiones, lo que posiciona a América Latina y el Caribe en el grupo de países con una moderada tasa de crecimiento anual de su digitalización y aunque las estadísticas más recientes de la UIT muestran un incremento de la misma, aún no se evidencia un crecimiento simétrico con respecto a otras regiones. Según la UIT (2019a) para 2019 ya el 87% de las personas en países desarrollados utilizaban Internet, en comparación con el 47% de los países en desarrollo, esto permite corroborar que las políticas y Marcos internacionales en materia de TIC no son suficientes para la alfabetización digital de todos los países, pues deben ir acompañadas de una gran inversión económica y en paralelo de una mejor gestión de los recursos, formación de los docentes y creación de una cultura tecnológica coherente con el mundo actual.

Si fijamos la mirada a lo interno de las instituciones educativas coincidimos en que prevalecen muchas interrogantes, pues se ha pasado del profesor que enseñaba y "poseía" el conocimiento y el libro de texto, a una red donde la mayoría de la información se encuentra Recuperado de diversos formatos y además puede no ser objetiva, entonces nos planteamos ¿Cómo discernirla?, ¿Cómo reconocer fuentes confiables?, ¿Cómo orientar adecuadamente a nuestros estudiantes para realizar apropiadamente investigación y no "recorte y pega"?, ¿Cómo propiciar el análisis, el desarrollo del pensamiento crítico, el desarrollo de procesos y la metacognición, cuando pareciera que ya no hace falta pensar?, ¿Cómo un docente formado para la enseñanza tradicional puede desempeñarse con éxito en espacios virtuales de aprendizaje o en experiencias mediadas por ordenador cuando no posee competencias digitales o su actitud no favorece la inclusión de las TIC en el proceso de aprendizaje?, ¿Cómo las condiciones socioeconómicas del docente, la escuela y la familia sigue siendo un factor para la e-exclusión?, ¿Cómo el liderazgo de los directivos de centro propicia o no una cultura tecnológica favorable para gestionar procesos que involucren las TIC?, definitivamente, debemos conocer los escenarios que se están potenciando y valorarlos en profundidad, pues el rol del docente no desaparece pero requiere adecuarse o transformarse para adaptarse a los cambios.

En este momento cobran singular importancia los equipos multidisciplinarios, el trabajo en equipo o con pares de docentes tanto en la escuela como en la red, pues no es necesario "saber todo" sobre las tecnologías, importa compartir conocimientos, valorar el papel de los técnicos de soporte y al integrarlas en el proceso de aprender, considerar también la experiencia que poseen los estudiantes en los usos lúdicos, comerciales y de ocio de las TIC para hacerlos partícipes -mediante el consenso-, de la planificación y el diseño de estrategias didácticas que resulten más familiares y divertidas para el aprendizaje de algunos contenidos, probablemente los estudiantes tienen conocimiento de un amplio bagaje de aplicaciones que los docentes desconocemos y en la posibilidad de participación e intercambio pueden surgir opciones potencialmente didácticas que al implementarlas conduzcan a experiencias de aprendizaje más significativas y contextualizadas.

Real (2011), señalaba la necesidad de considerar tres palabras claves en la enseñanza: (a) comunicación, como algo que está cambiando la forma de relacionarnos con los medios; (b) cooperación, sobre las posibilidades que nos ofrece la red y (c) compartir, por la existencia de diferentes estímulos que hay que saber discriminar y para los que se requieren nuevos métodos para nuevos tiempos. Esto implica que los roles en el campo de la docencia se han venido modificando, por lo que incluye los que se observan en el siguiente gráfico.

Del profesor	Transmisor	Facilitador
Del alumno	Pasivo	Activo
Del aula	Aula fija	Aula móvil
Soporte	Libro de texto	Libro de texto + multimedia

Gráfico 1. Modificación de roles. Fuente Real (2011).

Definitivamente los roles han cambiado, las TIC no sustituyen al profesor pero demandan nuevas competencias. Como plantea Díaz-Barriga (2013), ni el docente, ni su función, desaparecen con la incorporación de las TIC, al contrario, se ve obligado a responder a las condiciones que experimentan los niños y jóvenes hoy, a la vida que les tocó vivir, al cambio que la realidad le está imponiendo a la escuela. Por otra parte, mientras que el docente reorganiza su función, le corresponde construir secuencias didácticas para el aprendizaje y elegir o diseñar situaciones problemas de manera que a partir del pensamiento divergente pueda orientar a los estudiantes en la construcción de soluciones y a clarificar y profundizar en el uso de la información cuando evidencie un manejo superficial de la misma; por lo tanto, el docente sique siendo el profesional del aprendizaje y de la formación.

El autor, admite que las TIC tendrán cada vez mayor presencia en el aula, pero sólo un sentido didáctico de su uso podrá potenciar dicho empleo en el desarrollo del aprendizaje y en la formación de una nueva concepción de ser ciudadanos, lo que supone que, como en otras esferas de la investigación pedagógica, se realice un esfuerzo por experimentar su uso en el aula y documentar sus avances, yo agregaría también compartir los avances documentados de modo que se ensaye con experiencias que ya han resultado exitosas y se transfieran a otros contextos, esto implica un proceso permanente de investigación sobre la acción.

Conviene destacar, que a la par de identificar múltiples bondades de las TIC, también es preciso entender que no todos los problemas sociales se pueden resolver con tecnología, no podemos caer en el fanatismo pues problemas como la pobreza seguirán siendo un problema multifactorial y multidimensional que seguimos arrastrando y la tan ansiada y argumentada educación con equidad y calidad para todos una quimera, mermar la distancia entre quimera y realidad sigue siendo papel fundamental del docente por lo que su postura frente a las TIC también debe ser valorada.

En tal sentido, es necesario asumir una postura crítica con respecto a los usos educativos de las TIC, como acota Solé Blanch (2020), buena parte del discurso en torno a la innovación educativa se ha reducido al argumento metodológico, centrando la atención en una didáctica instrumental carente de reflexión crítica y desconectada de los entornos socioculturales de las instituciones educativas, en la cual existe un culto a la innovación y al papel de la tecnología que se ha convertido casi en una ideología, mediante la cual se espera se espera encontrar la solución a todos los desafíos educativos.

Buscando el equilibrio desde una postura reflexiva y crítica

Con respecto a las TIC han surgido básicamente dos posturas extremas que no viabilizan su integración efectiva, particularmente apuesto por una valoración de las TIC de manera crítica, bajo la cual no se asuman posturas tecnofóbicas ni tecnofílicas, estas posturas es preciso identificarlas, ya que coexisten en nuestras organizaciones y pueden favorecer u obstaculizar procesos de mejora. García Aretio (2002), las "ilustra" en la frase: Ni analfabetos digitales, ni navegadores dependientes y entregados a la red.

Donoso (1999) denomina estas posturas fetichismo tecnológico y van del optimismo eufórico al pesimismo trágico, así, en el extremo del optimismo eufórico o posición tecnofílica, se ubican quienes asignan a la innovación tecnológica todas las posibilidades de progreso y solución de problemas, mientras que en el extremo del pesimismo trágico o postura tecnofóbica, se incluyen los que asumen que el desarrollo tecnológico terminará rompiendo el equilibrio con la naturaleza, alienando al trabajador y sustituyendo al docente.

En el mismo orden de ideas, Calderón y Piñeiro (2004), coinciden en señalarlas como dos reacciones emocionales extremas. En la tecnofilia, los sujetos se encuentran siempre dispuestos a utilizar lo último en tecnología y ven en los más recientes avances y logros de la computación el remedio de todos los problemas educativos y en el extremo contrario se ubica la tecnofobia, entendida como el rechazo de una persona al uso de cualquier tecnología que, no habiéndola utilizado en la infancia, haya pasado a formar parte de su vida personal y profesional. En este rechazo se incluye explícitamente la idea de que la tecnología representa un peligro para los valores sociales que se persiguen y además, se vincula con aspectos como la ansiedad sobre las formas actuales o futuras de interacción con los ordenadores u otras tecnologías

Definitivamente, estas posturas entusiastas y contradictorias entre sí muestran una visión reduccionista y como señala Gutiérrez (2007), pueden dificultar nuestra propuesta integradora de formación para la competencia digital. Pues, por una parte, existen 'nostálgicos de la educación audiovisual' que perciben que en la enseñanza se le presta una atención exagerada a los ordenadores e

Internet y reaccionan a la defensiva aferrándose a los viejos paradigmas de alfabetización mediática, sin absorber los cambios producidos en las TIC y por otra parte, encontramos los 'entusiastas de las últimas tecnologías', deslumbrados por sus prestaciones y su supuesto potencial educativo, que respaldan su introducción masiva en la enseñanza y parecen olvidar la tradición de educación para los medios y las investigaciones que se han realizado sobre su potencial didáctico.

Evidentemente, las posturas referidas son sesgadas y nada benefician la integración curricular de las TIC. De allí que se requiere desarrollar y fortalecer una postura reflexiva y crítica, que no asuma la tecnología de manera sumisa, como la panacea que resolverá todos los problemas, por el contrario, que parta del análisis del contexto y de las bondades de las TIC para su incorporación en los procesos y actividades cotidianas que realiza el ser humano en sus diversos ámbitos de acción, mediante la cual se valoren y apliquen las posibilidades y bondades reales de las TIC tanto en los escenarios locales como globales, en lo educativo, lo laboral y lo cotidiano, para seguir siendo ciudadano del mundo sin desprenderse de lo local, para poseer competencias y estar conectado a la red, saber discriminar las buenas prácticas, rescatar los beneficios de algunos medios tradicionales para el aprendizaje de determinados contenidos, pero también reconociendo los riesgos que implican en la protección de datos, la ciberdelincuencia, la exclusión de colectivos o comunidades menos favorecidas.

Por otra parte, también conviene conocer posturas como la de Cobo (ob. cit.), quien señala que la creciente incorporación de tecnología aún parece enraizada con una suerte de colonialismo tecnológico en el que se consume tecnología creada, diseñada y desarrollada por otros. Aunque advierte que todas las tecnologías que se emplean no pueden ser locales pues sería un retroceso pensarlo, acota que hay un riesgo latente en la dependencia tecnológica, la subutilización de los talentos y las capacidades relacionadas con la creación de nueva tecnología, por lo que plantea que las sociedades deben ir más allá de la adaptación y contextualización de dispositivos digitales foráneos, para evitar alimentar la ecuación: unos los crean y otros los consumen, desde este punto de vista, propone aprovechar las tecnologías para pensar, aprender nuevos lenguajes, explorar con tecnologías para crear nuevas herramientas, recursos, servicios y programas, que faciliten el arraigo del discurso de la creatividad aplicada, estimulen el pensamiento crítico y lógico, entre otros; pues como señala el mismo autor, "los aspectos críticos por resolver no están en los dispositivos como tales sino en los contextos, enfoques, modelos pedagógicos y procesos de transformación socio-tecno-pedagógicos". (p. 51)

En esta línea de pensamiento, Siemens (2015) critica que la tecnología educativa no se está haciendo más humana, al contrario, está haciendo al humano más tecnológico. Indica que es hora de decir adiós al tecnosolucionismo que representa a las personas como agentes dentro de una infraestructura programada y sugiere que es necesario enfocarse en aquellos aspectos de la tecnología que contribuyen a humanizar y no solamente a reducir a las personas a algoritmos y patrones de comportamiento.

No obstante, aun reconociendo el problema de exclusión que se genera en algunos sectores es necesario desmitificar las TIC, formarse para su uso y comprender su aporte en todos los niveles educativos, la formación a lo largo de la vida, en el intercambio de información, el comercio electrónico, entre otros, porque al ver las ofertas laborales comprobamos que entre las profesiones más demandadas en el área de ciencia y tecnología, se encuentran la de social media manager, branding manager, especialista en SEO y

SEM, ingenieros y desarrolladores de software y programación especializados en tipos de lenguaje muy específico como Pyton y programadores de Big data, expertos en ciberseguridad, analistas web, desarrolladores de contenidos digitales y de aplicaciones móviles y expertos en comercio electrónico, estas demandas siguen en aumento porque definitivamente hay un sector de la economía que las demanda porque encontró un nicho muy próspero mediante las aplicaciones tecnológicas y que sigue creciendo exponencialmente, generando efectividad y reportando beneficios económicos. Tal es el caso de la experiencia vivida durante la pandemia del covid-19, que potenció el comercio electrónico y puso a prueba el teletrabajo como alternativa laboral, generó resultados, se diversificó, amplió su cobertura y seguramente se quedará en muchos sectores de la economía, el gobierno y las actividades cotidianas.

Mientras que en el ámbito educativo, la situación de emergencia mundial generada por la pandemia afectó directamente el funcionamiento de las instituciones educativas de todos los niveles y modalidades al implantar decisiones bruscas para dar continuidad al proceso formativo que no permitieron una migración totalmente controlada de las actividades presenciales a entornos virtuales de aprendizaje ni tomaron en cuenta las características particulares de la asignatura, del estudiante, las competencias docentes, ni el entorno familiar, por la rapidez con que debieron implementarse.

En este escenario que inicialmente no era virtual, ha surgido un modelo de docencia no presencial de emergencia o "Emergency Remote Teaching" (ERT, por su sigla en inglés) para hacer frente a la suspensión de las clases presenciales. La Universitat Oberta de Catalunya (UOC) (2020), plantea que este tipo de docencia se puede definir como una respuesta ágil y basada en estrategias flexibles para facilitar la formación de manera remota y apoyada en el uso de las

TIC, la ruta propuesta para la transición a este tipo de docencia incluye tres fases: rediseñar, implementar y gestionar.

Según Hodges, Moore, Lockee, Trust y Bond (2020), la docencia no presencial de emergencia implica variaciones respecto a la educación presencial y al aprendizaje en línea en los siguientes términos: (1) cambio temporal en la asignación de las actividades de aprendizaje a un modo de entrega alternativo debido a circunstancias de crisis; (2) el uso de soluciones de enseñanza totalmente no presenciales (remotas) que de otro modo se impartirían presencialmente o como cursos semipresenciales (blended) y que volverán a ese formato una vez que la situación que causó la crisis esté controlada y (3) su objetivo no consiste en recrear un ecosistema educativo robusto, sino más bien en proporcionar acceso temporal al aprendizaje y a los apoyos instruccionales de una manera rápida y fácil de instalar durante una emergencia o crisis.

No obstante, conviene advertir que garantizar el aprendizaje de todos los estudiantes en una situación de tal magnitud y en poco tiempo puede afectar la calidad del proceso y generar opiniones más en contra que a favor de la formación virtual, si consideramos que no es posible diseñar cursos o unidades virtuales de aprendizaje de calidad, en corto tiempo y con limitada participación de equipos docentes y/o multidisciplinarios, disponibilidad de equipos y herramientas para pasar a una nueva forma de aprender donde tiempo, espacio y actores pasan de compartir experiencias de aprendizaje de un espacio tradicional y cercano a uno asíncrono y posiblemente distante para algunos, aun así, la mayoría de los docentes y familias hicieron gala de la creatividad, el ingenio y del arte de enseñar para superar esta etapa única para las recientes generaciones haciendo la situación menos traumática para los estudiantes. En todo caso, la situación de caos e incertidumbre vivida en 2020 por la crisis sanitaria puede generar múltiples inquietudes investigativas que conduzcan a proponer alternativas de acción ante situaciones de emergencia que trastocan todos los aspectos de la vida.

Mitos y realidades en torno a las TIC

En vista de que en esta obra se asume una postura reflexiva y crítica ante la incorporación y uso de las TIC en el ambiente educativo, referiré una serie de mitos que han surgido en los últimos años con respecto a estas tecnologías y que lejos de favorecer los procesos para su incorporación se convierten en barreras para el cambio y el uso contextualizado y pertinente en la academia y la gestión. En cuanto a esta temática, Cabero (2004) recopiló una serie de mitos que aún prevalecen en nuestra cultura y entre ellos menciona: las TIC favorecen un modelo de educación para todos evitando la exclusión, el valor *per se* de las tecnologías, su neutralidad y que sean axiológicamente asépticas, las reducciones de tiempo de aprendizaje y costos, la cultura deshumanizadora y alienante, las TIC sustituirán al profesor, las TIC invaden la vida privada, entre otros.

Al respecto, conviene señalar que, si bien organizaciones como la ONU y la UNESCO convergen en lograr un modelo de educación con equidad, calidad y acceso para todos y aunque existen buenas experiencias en ese sentido, en países donde la simple conexión a Internet no se ha generalizado pensar en la inclusión de todos los sectores aun es una entelequia. Así mismo, interesa valorar que los efectos positivos o negativos de las TIC no provienen directamente de ellas sino de cómo se emplean con sentido didáctico, de los objetivos que se persiguen con su uso y en el contexto educativo como se integran y relacionan con el resto de componentes curriculares.

En lo que concierne a la reducción de tiempos y costos debemos mirarlos con precisión pues no está demostrado que se aprenda más rápido, pero sí que al disponer de diferentes medios y multiestímulos se pueda generar una variedad de estrategias de enseñanza que atiendan a todos los estilos de aprendizaje y propicien el aprendizaje.

Otro mito importante se relaciona con el tiempo y los costes, con respecto al tiempo que invierte el profesor en el proceso de mediación, conviene reconocer que en la mayoría de los casos supera el necesario para la clase tradicional, puesto que requiere estar conectado a la red para buscar información, conectarse en foros virtuales, chats o simplemente hacer uso de plataformas online o correo electrónico; no obstante, debo reconocer que el grado de satisfacción de ofrecer otras alternativas de formación y comunicación al estudiante y la articulación con los horarios y tiempos disponibles de ambos, también son valorados positivamente, claro está, en países e instituciones donde la conexión a Internet y la dotación de ordenadores sea una etapa superada, puesto que en algunos países de América Latina, esta conexión y dotación la asume el docente, aun así, muchos hemos apostado en países como Venezuela por experimentar el desarrollo de cursos semipresenciales sin contar con la infraestructura necesaria como equipos y servidores y con débil conexión a Internet en nuestras universidades. En este escenario y con los argumentos ya desarrollados, creer en el "poder alienante" de las TIC y que estas pueden sustituir al profesor resulta inconcebible.

En un contexto ideal, el tema de costes, al menos al iniciar la implementación de las TIC supone la inversión para la adquisición de la infraestructura, su mantenimiento y actualización, la producción de contenidos didácticos, la formación de los docentes, entre otros, estos costes se ven compensados en el tiempo al diversificar las posibilidades de atención al estudiante y la oferta educativa sobre todo en educación superior, las alianzas y colaboraciones con otras instituciones para el uso de recursos y herramientas libres o gratuitas para el aprendizaje en la red y al garantizar la actualización y/o vida útil de la infraestructura tecnológica. No cabe duda que a la par de la inversión en tecnología se requiere apoyo, acompañamiento y seguimiento de los procesos para comprobar su efectividad, convertirlos en insumos para la reingeniería y la mejora permanente e investigar y documentar los procesos y experiencias para aprender de ellos. El debate cantidad-calidad, equidad-igualdad y pertinencia-adecuación sigue vigente, en todo caso, no implementarlas resulta ser más costoso si vemos el desfase entre quienes desarrollan competencias tecnológicas y se cualifican para el uso de las TIC y quienes permanecen al margen de esta posibilidad.

Ante el mito de la invasión de la privacidad del ser humano, se han confirmado riesgos de la conexión a la red, por lo tanto se debe tener conciencia y orientar en el hogar y la escuela a los estudiantes, principalmente a los menores que comparten y aceptan contenidos en diversos formatos, enlaces a sitios desconocidos o contactos y pueden ser víctimas de acoso, ciberbuling, entre otros, así mismo, algunos sistemas online como los vinculados con la banca, el gobierno y el comercio electrónico, se han visto afectados por hackers que descubriendo la vulnerabilidad de un ordenador o de sistemas de comunicación e información obtienen información privada, modifican datos o alteran y descubren procesos particulares, a raíz de estas situaciones también cobra auge la formación y oferta laboral en lo que concierne a ciberseguridad y protección de datos.

Otro mito que se viene desvaneciendo es creer que las TIC solo se aplican en las disciplinas afines a la ciencia y la tecnología, por el contrario, conviene resaltar que las TIC han potenciado el conocimiento de obras artísticas del campo de la poesía, la pintura, la escultura, la música, mediante la creación de libros digitales, visitas virtuales a museos, conciertos en formato de vídeo, entre otras opciones, aplicaciones y herramientas que de manera gratuita o de bajo costo se obtienen vía telefonía móvil o a través de la red y que han permitido el enriquecimiento de las humanidades digitales y abierto una importante área de investigación y producción de contenidos digitales.

del Río (2019), advierte que si el devenir tecnológico-social que nos estamos acercando parece ser algo deshumanizado y aun cuando ni la tecnología ni la ciencia están divididas equitativamente y tampoco la investigación en humanidades digitales, una mirada crítica y la construcción de conocimiento mediante herramientas tecnológicas representan un buen ejemplo para comprender presente y pasado y porque no futuro, al abrir la posibilidad de investigar y aprender de y con los pares, programadores, lingüistas computacionales y bibliotecarios.

Además, centrándonos en el propósito de esta obra, es necesario puntualizar que ha existido el mito de que la investigación en TIC por estar relacionada con los aportes de la informática y la telemática pertenece a un mundo tecnócrata y por tanto, ontoepistémicamente debe ser abordada como objeto de estudio desde el paradigma positivista y a nivel metodológico desde los métodos cuantitativos de investigación.

Debo precisar, que sea cual sea el paradigma asumido, es necesario que el investigador declare y sustente coherente y teóricamente las dimensiones ontológica, epistemológica y metodológica que orientan su hacer investigativo, a los fines de clarificar como concibe la realidad, la generación del conocimiento y el acercamiento al objeto de estudio. Pues en líneas generales desde la perspectiva cuantitativa, como señalan Piñero y otros (ob. cit.), el sujeto investigador se sitúa frente al objeto de estudio, fuera de él, para aprehenderlo y conocerlo de forma neutral y haciendo uso de la observación, la medición y la predicción para luego someter los resultados a leyes universalmente aplicables. Mientras que desde la perspectiva cualitativa se rescata el valor del sujeto y la importancia de sus experiencias y vivencias en la construcción del objeto de estudio al tomar en cuenta una red de significados fundamentados en la interpretación subjetiva del investigador y agregan que "emprender una investigación social diferente de los cánones positivistas significa asumir el acto de investigar como una forma de cuestionar el modo en que 'experienciamos', el mundo vivido, es decir 'conocer' el mundo donde somos y estamos de una determinada manera". (p. 28)

Conviene aclarar que en el ámbito de las TIC y la educación, pueden surgir temáticas específicas que requieran un abordaje positivista y que muchas de ellas representan un aporte valioso como los datos ofrecidos en cuanto al índice de desarrollo de las TIC, estudios comparativos, estudios diagnósticos, producción de medios, entre otros. No obstante, si tomamos en cuenta que las aplicaciones de las TIC en este sector se vinculan a la construcción de saberes mediados por tecnología, a la construcción de significados a partir de su uso, a la aplicación de herramientas y plataformas tecnológicas para el aprendizaje semipresencial y online, el diseño y aplicación de software educativo y contenidos digitales, al surgimiento de nuevas interacciones y nuevos espacios comunicativos en la red, entre otros aspectos, todos, evidentemente humanos, es posible argumentar que las investigaciones en este ámbito pueden ser abordadas también desde otras perspectivas como el enfoque interpretativo y el sociocrítico.

Desde este punto de vista y en atención al plano ontológico, podemos reconocer una realidad que muestra diversos matices pues de ella forman parte grupos sociales particulares, con variedad de significados, percepciones, acciones e interacciones y en los cuales los factores subjetivos e intersubjetivos son relevantes para la investigación, dado que los escenarios o contextos que se observan son ontológicamente múltiples, holísticos, construidos y divergentes. Además, desde la perspectiva interpretativa se recurre a métodos como la etnografía, las historias de vida, así como a técnicas como la observación participante, la entrevista en profundidad, los grupos focales, entre otras y desde la perspectiva sociocrítica a la investigación acción, que permiten emerger una serie de categorías y subcategorías que enriquecen los hallazgos por sí mismas y más al triangularlas o contrastarlas con las técnicas empleadas, las voces de los informantes y los referentes teóricos.

En este orden de ideas, Navarro (2019), apunta que en la tradición instrumentalista de la tecnología, el problema de la innovación se reduce a un proceso de encuentro y de adaptación entre necesidades y productos tecnológicos, pero desde una perspectiva interpretativa, cómo sería el caso de la tradición del constructivismo social, las tecnologías son socialmente construidas, por lo que son parte de la cultura y en torno a ellas pueden surgir diversas lecturas de acuerdo a las particularidades de los distintos actores o grupos que intervienen en un proceso de innovación.

Desde este ángulo, se observa una reconceptualización del contexto educativo que viene a considerarlo no como un conjunto de variables (nivel socioeconómico, clase, profesión y estudios de los padres, etc.) que se correlacionan con alguna medida, bien de los alumnos (inteligencia, personalidad), o del profesor. En su lugar, se requiere una visión más holística del contexto y se brinda apertura hacia metodologías de tipo cualitativo como la etnografía y las posturas naturalistas (Marsellés, 2007), en este sentido, 'hemos comenzado a adoptar el canon de la subjetividad disciplinada en lugar del mito de la objetividad científica'. (Clarck, en Marsellés, ob. cit.).

Algunos títulos que pueden dar luces a quienes están en el proceso de seleccionar el objeto de estudio en el horizonte investigativo de las TIC y educación y desde diversos paradigmas, enfoques y métodos, son los siguientes: a nivel descriptivo el de Espinosa, Contreras y Barbosa (2015), quienes abordaron las *Prácticas de liderazgo y su relación con la cultura en un grupo de países latinoamericanos*; el de Aguilar (2017) quién realizó un *Estudio comparativo del estilo de liderazgo y la cultura organizacional en asociaciones gremiales y directores de programas en psicología en Latinoamérica y España con base en el proyecto GLOBE*; el de Carrillo (2010), que apoyado en el método hipotético deductivo logró construir un *Modelo Teórico desde la estrategia de gobierno electrónico para la transformación de la gestión universitaria de la región centro-occidental* de Venezuela. Desde el paradigma interpretativo, el de Area Moreira (2018) quien a través de su *Autobiografía de una historia de vida docente* planteó el transcurrir de la enseñanza presencial a la docencia digital; el de Padilla, Gámiz y Romero (2020) quienes estudiaron la *Evolución de la competencia digital docente del profesorado universitario: incidentes críticos a partir de relatos de vida*; como estudios etnográficos, la *Gestión del conocimiento en entornos tecnológicos de tercera generación: una perspectiva etnográfica desde postgrado de la UPEL IPB, desarrollado por Flores (2019)* y el de Bravo (2006), donde me propuse comprender *La cultura tecnológica y sus implicaciones en la formación docente*, en una Universidad Pedagógica formadora de maestros y profesores. Y desde el enfoque sociocrítico, el trabajo de Berzosa (2015) quien reconoce la importancia de la metodología de la Investigación-

Acción para el desarrollo profesional del docente y la mejora de la realidad investigada en *Las TIC en la escuela. Una propuesta de integración desde la investigación-acción.*

Finalmente, en virtud de los planteamientos desarrollados en este capítulo y con el ánimo de ofrecer múltiples aristas de indagación, me atrevo a proponer algunas interrogantes que pudieran ser punto de partida para la investigación, discusión y/o profundización y debate, así como para la comprensión, la transformación o mejora de la práctica pedagógica mediante la integración de las TIC en los procesos académicos y de gestión.

Preguntas de investigación

- ¿Cuáles son las condiciones que posee el centro o la organización para la apropiación de las TIC? ¿Con qué infraestructura TIC cuenta la institución o centro?, ¿Quiénes y cómo asumen el mantenimiento y la coordinación informática y pedagógica del proyecto TIC del centro?

- ¿Integrando culturalmente inmigrantes y nativos digitales, como se caracterizan, como se integran y como pueden aprender unos de los otros?

- ¿Qué posturas (tecnofóbica, tecnofílica o crítica) asumen los docentes de la institución con respecto a la integración de las TIC en los procesos académicos y de gestión?, ¿Qué posturas asumen los directivos de la institución con respecto a la incorporación de las TIC en el proceso educativo y de gestión académica?

- ¿Qué mitos prevalecen en la cultura organizacional de la

institución con respecto a las TIC?, ¿Qué actores sociales poseen mayor cantidad de mitos en torno a las TIC, cómo se manifiestan, cómo inciden en los procesos de incorporación de las TIC y que acciones podemos emprender para superarlos?

- ¿Cuáles son las categorías y dimensionalidades empleadas por los investigadores en TIC y educación?, ¿Cuáles son las tendencias paradigmáticas, metodológicas y procedimentales que se evidencian en las investigaciones en torno a las TIC en el ámbito educativo?

- ¿Cuáles son las experiencias exitosas que reportan los investigadores para el uso de las TIC en educación y gestión en los diferentes niveles educativos y en el aprendizaje de las diferentes disciplinas (ciencias, tecnología y/o humanidades?, ¿Qué experiencias reportan las humanidades digitales sobre su aplicación en la escuela y la comunidad?

- ¿Cómo desarrollamos valores, pensamiento crítico, creatividad y ética con las TIC?, ¿Qué y cómo enseñamos y aprendemos con las TIC?, ¿Realmente construimos, compartimos y socializamos con las TIC?, ¿Cómo describen los actores su proceso de socialización mediante las TIC para el aprendizaje, el ocio o las interrelaciones personales?

- ¿Cómo gestionamos el aprendizaje individual, colaborativo y las emociones en la red?, ¿Existe cultura colaborativa en el aprendizaje en red?, ¿Existe privacidad en la red?, ¿Qué tan vulnerables somos y que tan visibilizados estamos?, ¿Hacemos un consumo digital responsable?

CAPÍTULO II

MARCO LEGAL PARA LA INCORPORACIÓN DE LAS TIC EN EL ÁMBITO EDUCATIVO

Siendo todas las partes causadas y causantes,
ayudadas y ayudantes, mediatas e inmediatas,
y siendo que todas se mantienen entre sí por un vínculo
natural e insensible que une a las más alejadas
y más diferentes, tengo por imposible conocer las partes
sin conocer el todo, así como también
conocer el todo sin conocer singularmente las partes.

Pascal

Existe una serie de referentes legales (jurídicos en algunos países) que tanto a nivel internacional como nacional permiten visualizar el interés de las organizaciones y los Estados en materia de tecnología, y a nivel institucional, diversos instrumentos como Políticas Educativas, Planes de Gestión, Diseños Curriculares, Estrategias o Políticas de Docencia, Investigación y Extensión que materializan la misión y visión de la organización y que también se convierten en referentes legales para sustentar la incorporación de las TIC en cualquier proyecto de tecnología, docencia y/o innovación. Por lo tanto, su revisión es de gran valor para la investigación, puesto que se convierten en elementos rectores de las funciones institucionales y permiten conformar una visión de conjunto que muestra las intencionalidades de la institución en materia de TIC, al declararlas tanto en sus políticas y principios orientadores como en los Proyectos que emprende o lidera.

En tal sentido, al desarrollar un trabajo de investigación en materia de TIC y educación conviene revisar los aportes que en este campo vienen generando organizaciones como la UNESCO, la ONU, la UIT, a nivel de Europa el Consejo Europeo y de América Latina la CRESALC, a lo interno de cada país la Constitución Nacional, (los Tratados Internacionales si aplican según la temática) las Leyes Orgánicas y otras leyes, Decretos legislativos y Decretos Ley, Reglamentos dictados por el gobierno, los proyectos orientados por los Ministerios de Educación, entes gubernamentales particulares y/o los Reglamentos de las Comunidades Autonómicas (CCAA) o descentralizas (si existen), así como a nivel institucional los documentos que establecen su misión y misión, las Políticas de Investigación, Docencia y Extensión universitarias (D+I+E) -si las hubiere- y el Diseño Curricular, de modo que se aplique la pirámide de Kelsen, que establece el orden de los referentes legales, pues estos documentos constituyen el marco jurídico que permite sustentar los proyectos en materia de TIC en el contexto educativo. Aunque la pirámide de Kelsen es conocida por los investigadores, la incluyo con fines didácticos para valorar el orden a seguir según aplique a la realidad en estudio.

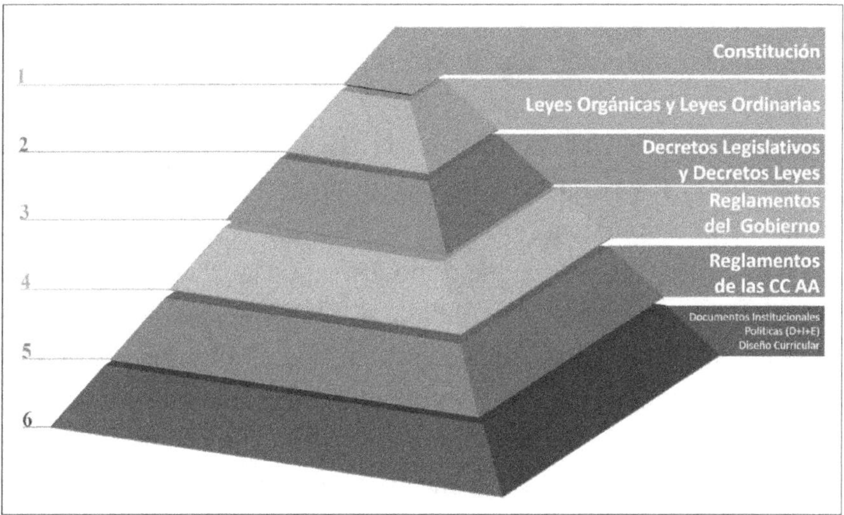

Gráfico 2. Pirámide de Kelsen. Organización de la autora.

En los siguientes referentes haré énfasis en discriminar los argumentos que sustentan el desarrollo de competencias en docentes y estudiantes, y que han sido analizados, evaluados y actualizados en las últimas dos décadas a nivel internacional con miras a presentar Líneas de Acción y un marco de competencias pertinentes para garantizar un mejor desempeño en la sociedad de la información y el conocimiento. Se refiere brevemente algunos de ellos, con la salvedad que para profundizar en más detalles se debe recurrir a la fuente original. Por tratarse de un marco jurídico general y aplicable a la mayoría de circunstancias de Europa y América Latina, aclaro que el orden de presentación obedece más a la cronología de estas fuentes y a su ámbito internacional, regional y local, que a su valor o importancia en particular, por lo que al abordar proyectos en niveles educativos o centros específicos deben considerarse los marcos internacionales y regionales y las fuentes legales del país en el orden que establece la pirámide de Kelsen.

Cumbre Mundial sobre la Sociedad de la Información (CMSI) 2003 y 2005

Conviene recordar que la CMSI se desarrolló en dos fases. La primera fase en Ginebra 2003 y la segunda en Túnez 2005 propiciada por la UIT, la misma está orientada a superar la brecha digital en el acceso a las TIC y a generar líneas de acción para reducir esta desigualdad.

La UIT (2003), señala que su desafío es encauzar el potencial de las TIC para promover las metas de desarrollo planteadas en la Declaración Mundial sobre la Educación Superior en el Siglo XXI y en el caso concreto de la educación, recomienda elaborar y ejecutar políticas de largo plazo que faciliten la plena integración de las TIC en todos los niveles educativos y de capacitación, bien sea en la elaboración de planes de estudio, la formación de los profesores o la gestión y administración institucionales, para afianzar el concepto de la formación continua, bajo el principio de equidad.

En el campo educativo no hace énfasis en niveles específicos, por el contrario, muestra amplitud al establecer las líneas de acción, las cuales se retoman y actualizan en la fase 2005 para dar respuesta a los cambios de la tecnología y los mercados. En el caso específico de la capacitación de los docentes apunta que debe centrarse en los aspectos técnicos de las TIC, en la elaboración de contenido y en las oportunidades y dificultades potenciales de las tecnologías. Además de establecer sistemas de enseñanza, capacitación y otras formas de educación y formación a distancia en el marco de programas de creación de capacidades, así como lanzar proyectos piloto para definir nuevas formas de intercambio de información basadas en las TIC, que pongan en contacto los centros docentes y de formación e investigación de los países desarrollados, los países en desarrollo y los países con economías en transición.

El interés en materia de TIC fue sostenido y en la CMSI, UIT (2005), se reconoce que la creación de capacidades en materia de TIC es de gran prioridad en todos los países en desarrollo, por lo que se hizo énfasis en la necesidad de establecer estrategias orientadas a crear: (a) programas de creación de capacidades, materiales didácticos, instrumentos, iniciativas de financiación de la enseñanza y de capacitación especializada; (b) acceso a las comunicaciones, conectividad y aplicaciones TIC; (c) capacidad de banda ancha para facilitar el acceso a servicios y aplicaciones, y proporcionar acceso a Internet a precios asequibles; (d) asistencia coordinada; (e) sostenibilidad de proyectos relacionados con la Sociedad de la Información como el mantenimiento de la infraestructura TIC; (f) desarrollo y fabricación locales de aplicaciones y tecnologías TIC; (g) actividades sobre reforma institucional relacionada con las TIC y aumento de la capacidad relacionada con el marco jurídico y normativo y (h) mejora de las estructuras organizativas y cambio de los procesos de negocio para optimizar el impacto y la eficacia de los proyectos TIC.

Adicionalmente, entre sus objetivos se propone: utilizar las TIC para conectar aldeas y puntos de acceso comunitario; universidades, escuelas superiores, escuelas secundarias y primarias; centros científicos y de investigación; bibliotecas públicas, centros culturales, museos, oficinas de correos y archivos; centros sanitarios y hospitales; conectar los departamentos de gobierno locales y centrales y crear sitios web y direcciones de correo electrónico; adaptar todos los programas de estudio de la enseñanza primaria y secundaria al cumplimiento de los objetivos de la Sociedad de la Información, - sobre el cual se ha ido evolucionando según las circunstancias, inversión e intereses de cada país - y asegurar que todos los habitantes del mundo tengan acceso a servicios de televisión, radio, Internet y las TIC.

También contempla la necesidad de involucrar a los Gobiernos y todas las partes interesadas en la promoción de las TIC para el desarrollo, la creación de una infraestructura de la información y la comunicación, propiciar el acceso a la información y al conocimiento, la creación de capacidades, confianza y seguridad en la utilización de las TIC, la creación de un entorno habilitador y se resaltan las ventajas de las TIC en todos los aspectos de la vida, en la diversidad e identidad cultural, lingüística y contenido local, la dimensión ética y la importancia de la cooperación internacional y regional en esta materia. A la luz de estas Líneas de Acción ha surgido el Foro de la CMSI (citado más adelante), así como otras iniciativas, que intentan minimizar la brecha digital y propiciar el desarrollo de capacidades en materia de TIC.

Marco conceptual para la aplicación de las TIC en la capacitación Docente

Dada la necesidad de incluir en los diseños curriculares los saberes tecnológicos, la UNESCO (2004) propuso un marco conceptual para la aplicación de las TIC en la capacitación docente, el mismo, fue diseñado por representantes de proyectos internacionales con el propósito de apoyar a los encargados de diseñar políticas educativas y desarrollar los cursos dirigidos a los formadores de docentes y a otros profesionales involucrados en el uso de las TIC. La propuesta incluye factores que se estiman fundamentales al planificar la incorporación de estas tecnologías a los programas de formación docente desde una visión holística y de interdependencia y valora componentes de la cultura organizacional que resultan significativos para su integración. Este documento constituye un referente para analizar la evolución histórica de esta temática en los marcos internacionales. Ver gráfico 3.

Gráfico 3. Marco conceptual para la aplicación de las TIC en la capacitación Docente. Tomado de UNESCO (2004).

El óvalo implica que este marco conceptual debe interpretarse como una totalidad valorando la sinergia de las partes como un todo y su visión está orientada a centrarse en los objetivos, para asegurarse que al planificar e implementar un plan de integración de la tecnología, todos sus componentes estén presentes y se apoyen unos a otros. Así mismo, permite asegurar que la infraestructura nacional y local, la cultura, el contexto y otros factores, sean valorados al momento de diseñar el plan de estudios, y que su vez, éste se mantenga actualizado en atención a los adelantos a nivel de la educación y de las TIC. Como se muestra en el gráfico, el marco conceptual del plan de estudios se compone de cuatro grupos de competencias (pedagogía, colaboración y trabajo en red, aspectos sociales y aspectos técnicos) englobadas en cuatro temas de apoyo.

Las áreas de apoyo son: Contexto y cultura, visión y liderazgo, aprendizaje permanente y planificación y administración del cambio. *Contexto y cultura:* aluden a la cultura y otros factores contextuales que deben tomarse en consideración al integrar la tecnología al plan de estudios de programas de capacitación docente, considerando el uso de la tecnología de forma apropiada y el respeto por los contextos culturales. *Visión y liderazgo:* constituyen un componente esencial para que la planificación e implementación de la tecnología en los programas de formación docente sea exitosa y requiere del liderazgo y del apoyo de las autoridades institucionales. *Aprendizaje permanente:* hace hincapié en que el aprendizaje no termina al finalizar la educación formal e invita a los actores a concebir el aprendizaje permanente como anclaje fundamental de la implementación de las TIC y *Planificación y administración del cambio,* surge como consecuencia de los cambios de contexto, que se ven acelerados por la propia tecnología y para los que resalta la importancia de la planificación cuidadosa y ua dirección efectiva.

Conviene aclarar que las competencias docentes revisten tanta importancia que fueron abordadas y detalladas en el año 2008 y actualizadas en 2011 y 2018 dando lugar a las Normas UNESCO sobre Competencias en TIC para docentes vigentes, las cuales se describen más adelante.

Normas UNESCO sobre competencias en TIC para docentes

La UNESCO (2008) establece que las TIC exigen que los docentes desempeñen nuevas funciones y también requieren nuevas pedagogías y planteamientos de la formación de estos profesionales, por lo que lograr integrarlas en el aula dependerá de su capacidad para estructurar el entorno de aprendizaje de forma no tradicional, fusionar las tecnologías con nuevas pedagogías y fomentar clases dinámicas que estimulen la interacción y el aprendizaje cooperativos, el trabajo de grupo y posteriormente, la capacidad para desarrollar métodos innovadores de utilización de la tecnología con vistas a mejorar el entorno del aprendizaje.

Para dar respuesta a esa necesidad, publicó en ese mismo año, el Marco de competencias docentes en materia de TIC, el cual se propone como un conocimiento práctico de los beneficios que aportan las TIC a la educación y fomenta su contextualización y adaptación, en pro de un mejor desarrollo de estos profesionales, reconoce también que para la aplicación del Marco se requiere un fuerte liderazgo por parte del gobierno, los encargados de la formación docente inicial y permanente y el personal directivo de las escuelas.

El Marco ofrece orientaciones y directrices para planear programas de formación del profesorado y ofertas de cursos para que los docentes puedan desempeñar su papel en la capacitación tecnológica de los estudiantes. Estas Normas parten de tres enfoques: (1) Nociones básicas de las TIC; (2) Profundización del conocimiento y (3) Generación del Conocimiento, las competencias generales esperadas y las repercusiones de cada uno de los componentes del sistema educativo: política, plan de estudios y evaluación, pedagogía, utilización de la tecnología, organización y administración de la escuela y perfeccionamiento profesional del docente.

Desde su creación en 2008 con el aporte de la UNESCO y la colaboración de empresas como CISCO, Intel, ISTE y Microsoft, se decidió que el Marco tendría carácter dinámico y se revisaría periódicamente para garantizar su pertinencia, por lo que se ha evaluado, reconstruido y generado nuevas versiones.

La última consulta realizada en 2016 consideró tanto la facilidad de uso del Marco como la pertinencia y adecuación de las 18 competencias. La última versión UNESCO (2019), muestra su adecuación a los cambios suscitados en los últimos años y plantea las competencias específicas para articular los enfoques y componentes propuestos. En el gráfico 4 se observa la version actualizada que refleja la estructura de estas Normas. Las competencias establecidas para cada enfoque pueden revisarse en el documento original.

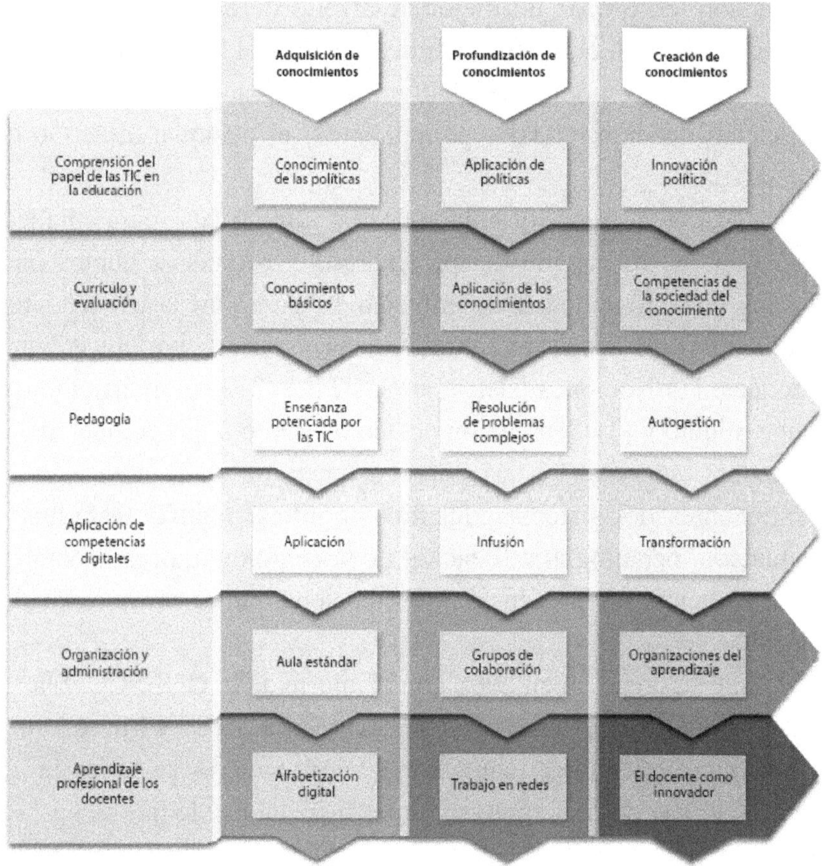

Gráfico 4: Marco de competencias de los docentes en materia de TIC. UNESCO (2019). Versión 3.

Como se desprende de la revisión de este Marco, la UNESCO muestra un gran interés por brindar pautas en cuanto a la formación de los docentes para el uso de las TIC como una de las claves para la inclusión de los ciudadanos en el mundo de la globalización y para lo cual se reconoce el papel fundamental de la formación y perfeccionamiento del docente a la par de los cambios y compromisos de los agentes sociales del sistema educativo a nivel local y global.

Competencias clave, un marco de referencia europeo

A nivel europeo, desde la aprobación por el Consejo Europeo (2006) del documento "Competencias clave, un marco de referencia europeo", se llega a un consenso en la selección, definición y enfoque de los aprendizajes imprescindibles en la educación básica al reconocer los retos que la globalización sigue planteando a la región, se acepta que cada ciudadano requiere una amplia gama de competencias para adaptarse de modo flexible a un mundo que está cambiando con rapidez y con múltiples interconexiones, por lo que se asigna a la educación una función social y económica para garantizar el logro de esas competencias.

Igualmente, señala que aprovechando las diversas competencias individuales, se debería responder a las diferentes necesidades de los estudiantes garantizando la igualdad de acceso para quienes se encuentren en desventaja educativa por circunstancias personales, sociales, culturales o económicas y necesiten un apoyo especial para desarrollar su potencial educativo; entre ellos los colectivos o individuos con cualificaciones básicas reducidas, los que tienen dificultades para leer y escribir, los que han desertado del sistema educativo, los desempleados de larga duración, las personas que retornan al trabajo tras un largo periodo de desempleo, las personas de edad avanzada, los inmigrantes y las personas con discapacidad.

Por ello, se insta a los Gobiernos de la Unión Europea (UE) a que introduzcan la enseñanza y el aprendizaje de competencias clave en sus estrategias de aprendizaje permanente y para este fin identifica ocho competencias esenciales para toda persona en la sociedad del conocimiento. Estas son:

1. Comunicación en la lengua materna.
2. Comunicación en una lengua extranjera.
3. Competencia matemática, científica y tecnológica.
4. Competencia digital: uso seguro y crítico de las TIC para el trabajo, el ocio y la comunicación.
5. Aprender a aprender.
6. Competencias sociales y cívicas.
7. Sentido de la iniciativa y espíritu de empresa.
8. Conciencia y expresión culturales.

Sin ánimo de atribuir mayor o menor grado de interés por las competencias presentadas, para efectos de la obra me centraré en referir en más detalle dos de ellas por su relación con los temas que vengo desarrollando y que estimo deben ser consideradas permanentemente por docentes, planificadores y directivos, estas son *la competencia digital y la de aprender a aprender.*

En síntesis, *la competencia digital* contempla el uso seguro y crítico de las TIC e incluye el uso de ordenadores para obtener, evaluar, almacenar, producir, presentar e intercambiar información, comunicarse y participar en redes de colaboración a través de Internet. Implica la comprensión de la naturaleza, la función y las oportunidades de estas tecnologías en todos los ámbitos de la vida, conocimiento de las principales aplicaciones informáticas y la comprensión de las oportunidades y riesgos que ofrecen Internet y la comunicación por medios electrónicos para la vida profesional, el ocio, la puesta en común de información y las redes de colaboración, el aprendizaje y la investigación, así como el papel de las mismas como herramienta de apoyo a la creatividad y la innovación, al mismo tiempo, resalta los principios legales, éticos y el desarrollo de una actitud crítica, reflexiva y un uso responsable de los medios interactivos.

Mientras que la competencia de *aprender a aprender* se entiende como la habilidad para iniciar el aprendizaje y persistir en él, organizarlo y gestionar el tiempo y la información eficazmente, tanto de manera individual como en grupos. Implica ser consciente del propio proceso de aprendizaje, adquirir, procesar y asimilar nuevos conocimientos y capacidades, buscar orientaciones y hacer uso de ellas. Apoyarse en experiencias previas para transferir los nuevos conocimientos y capacidades en diversos contextos y resalta el papel de factores como motivación, confianza, autogestión, autonomía, autodisciplina, autoevaluación y actitud positiva para lograr la competencia de aprender a lo largo de la vida.

Considerar los detalles de cada una de estas competencias permite establecer un horizonte muy amplio de los múltiples conocimientos, habilidades y actitudes que se pueden considerar al emprender la integración de las TIC y establecer acciones para el logro de competencias en el mundo globalizado. Tal como he comentado al citar otros documentos, es recomendable volver al documento original y revisarlo en detalle, ya que sirve de referente al momento de diseñar programas de formación o actualización, diseños curriculares de carreras afines, diseño de perfiles específicos de formación o empleo, instrumentos de evaluación de competencias o instrumentos de investigación, entre otros.

Replantear la Educación

La Comisión Europea (2012) generó la estrategia *Replantear la Educación*, en la misma resalta la intencionalidad de generar acciones para el desarrollo de competencias en el mundo globalizado y a partir del análisis del contexto señaló los elementos clave para el desarrollo de la UE en lo referente a educación y formación y con respecto a las TIC, propuso: (a) hacer más hincapié en el desarrollo de capacidades transversales y capacidades básicas a todos los niveles, especialmente capacidades empresariales y en materia de tecnologías. (b) La tecnología, en particular Internet, debe aprovecharse plenamente. Las escuelas, las universidades y los centros de formación profesional deben mejorar el acceso a la educación a través de recursos educativos abiertos. (c) Estas reformas deben recibir el apoyo de profesores bien formados, motivados y emprendedores. (d) Es necesario invertir en la construcción de sistemas de educación y formación profesional de calidad mundial y aumentar los niveles de aprendizaje en puestos de trabajo; en la financiación de la educación, especialmente de la formación profesional y la educación superior y se reconoce como esencial adoptar un enfoque asociativo de financiación pública y privada para impulsar la innovación y aumentar la interacción entre el mundo académico y las empresas. Buena parte de estos esfuerzos pueden concretarse mediante el uso de las TIC.

Con respecto a las TIC, destaca las grandes oportunidades para mejorar la educación a partir de la revolución digital, en términos de calidad, accesibilidad y equidad. Se identifica como un motor fundamental para dar más eficacia al aprendizaje y reducir los obstáculos como las barreras sociales siguiendo itinerarios individualizados y flexibles. Propone un mejor uso de las TIC, para evitar disparidades y resalta la necesidad de integrarlas en la práctica educativa, con proyectos piloto a gran escala y en entornos reales donde se defina cómo, cuándo y dónde pueden utilizarse eficazmente a efectos pedagógicos y de evaluación. Además, entre las acciones clave menciona modernizar la infraestructura de TIC de las escuelas; apoyar las prácticas de enseñanza y evaluación basadas en las TIC; fomentar la transparencia de los derechos y obligaciones de los usuarios de contenidos digitalizados, entre otros.

Marco Estratégico de Educación y Formación 2020 (ET2020)

Otro referente importante es el Marco estratégico para la cooperación europea en el ámbito de la educación y la formación, conocido como ET 2020, del Consejo de la Unión Europea (2009), este programa sustituyó al anterior ET 2010 e identificó la necesidad de hacer realidad el aprendizaje permanente, la movilidad, la empleabilidad y el aprendizaje de idiomas con unos sistemas de educación y formación profesionales que tengan mayor capacidad de respuesta al cambio y al mundo en general. En este sentido, está orientado a apoyar el desarrollo de los sistemas de educación y formación en los Estados miembros, la cual debe ser intersectorial y transparente e involucrar a todos los ámbitos políticos y las partes interesadas, para proporcionar a todos los ciudadanos los medios para que exploten su potencial y garantizar la prosperidad económica sostenible. El marco debe abarcar la totalidad de los sistemas de educación y de formación dentro de una perspectiva de aprendizaje permanente, en todos los niveles y contextos, incluidos los aprendizajes no formal e informal y revisarse con regularidad a los fines de constatar su pertinencia.

Las conclusiones adoptadas por el Consejo en 2009 establecen cuatro objetivos estratégicos para el marco:

1. Hacer realidad el aprendizaje permanente y la movilidad.
2. Mejorar la calidad y la eficacia de la educación y la formación.
3. Promover la equidad, la cohesión social y la ciudadanía activa.
4. Incrementar la creatividad y la innovación, incluido el espíritu empresarial, en todos los niveles de la educación y la formación.

También apoya el cumplimiento de los valores democráticos, la cohesión social, una ciudadanía activa y el diálogo intercultural en toda Europa, así como la integración de los niños en educación preescolar, la reducción de porcentajes de jóvenes con aptitudes insuficientes en lectura, matemáticas y ciencias, la reducción de la deserción escolar, la necesidad de formación universitaria y la formación en el extranjero. Para cada ciclo se adoptan un conjunto de áreas o ámbitos prioritarios basado en los objetivos estratégicos mencionados anteriormente.

Se estima que la revisión de su impacto permitirá establecer las prioridades del ciclo siguiente que seguramente incorporará los nuevos avances y retos en el ámbito educativo y de las TIC donde indudablemente, lo experimentado con la pandemia en el ámbito educativo y laboral será un insumo de primer orden para proponer los nuevos objetivos y líneas de acción que consideren también el accionar en situaciones de emergencia.

Declaración de Incheon y Educación 2030: Marco de Acción para la realización del ODS 4

La Declaración de Incheon, debe su nombre a que se realizó en la ciudad de Incheon en Corea del Sur, contempla el Marco de Acción para la realización del Objetivo de Desarrollo Sostenible (ODS) 4 (que persigue: *Garantizar una educación inclusiva, equitativa y de calidad y promover oportunidades de aprendizaje durante toda la vida para todos*) y la Agenda Educación 2030. En ella se comprometen los Estados miembros a promover una educación no discriminatoria que reconozca la importancia de la igualdad de género, el empoderamiento de la mujer para el desarrollo sostenible y a colaborar entre distintos sectores para hacer realidad el propósito de la *Educación para Todos* que está formulado con la intención de lograr unas sociedades pacíficas, justas e igualitarias, garantizar educación inclusiva, equitativa y de calidad y promover oportunidades de aprendizaje durante toda la vida. UNESCO (2016)

Esta Declaración se centra más en oportunidades de educación para mejorar la vida de las personas y el desarrollo sostenible que en TIC, pero es una obviedad que para el logro de tales propósitos las tecnologías constituyen herramientas que permiten favorecer la pertinencia de la educación, el desarrollo humano y la sostenibilidad económica, social y ambiental. Parte de una visión holística y humanista de la educación, la cual se considera un factor inclusivo y crucial para promover la democracia y los derechos humanos, afianzar la ciudadanía mundial, la tolerancia y el compromiso cívico, facilitar el diálogo intercultural y promover el respeto de la diversidad cultural, religiosa y lingüística, consideradas vitales para la cohesión social, la justicia y el desarrollo sostenible. Por otra parte, plantea la optimización de las instalaciones educativas y el aumento de la financiación para la enseñanza de las ciencias, la tecnología, la ingeniería y las matemáticas (STEM); la mejora de la educación y formación técnica, profesional y terciaria, para garantizar la igualdad de acceso para las mujeres y niñas y en el marco de un aprendizaje a lo largo de la vida.

10º Foro de la Cumbre Mundial de la Sociedad de la Información

El Foro de la CMSI es una plataforma mundial de múltiples partes interesadas de la ONU que evoluciona permanentemente para facilitar la implementación de las Líneas de Acción de la CMSI y avanzar en el logro de los ODS. El 10º Foro es el más reciente y fue realizado en 2019 en Ginebra bajo la organización de la UIT, la UNESCO, la Conferencia de las Naciones Unidas sobre Comercio y Desarrollo (UNCTAD o CNUCYD) y el Programa de Naciones Unidas para el Desarrollo (PNUD), con la colaboración de todos los organismos de la ONU. Representa la mayor reunión mundial de la comunidad de las TIC para el desarrollo y constituye una oportunidad para el intercambio de información, la creación de conocimiento, compartir prácticas óptimas, así como un escenario para identificar tendencias emergentes y propiciar asociaciones que conduzcan a la construcción de las sociedades de la información y el conocimiento de manera justa y equitativa. (UIT, 2019b)

Entre otras acciones, la UIT y la Digital Impact Alliance (DIAL) propusieron un Marco de inversión digital sobre ODS para ayudar a los gobiernos a abordar las cuestiones clave sobre inversiones estratégicas y seleccionar soluciones tecnológicas eficaces y escalables con una rentabilidad máxima de la inversión, tomando en cuenta que se evidenció que hasta 2019 a pesar del trabajo e inversión de millones de dólares en tecnologías digitales y aplicaciones para el desarrollo en todo el mundo, los progresos se vieron frenados por falta de coordinación y por no haber adoptado un planteamiento gubernamental integral para optimizar las inversiones.

Además, se reconoce la utilidad de las TIC para las personas con discapacidad o con necesidades especiales y se señalaron algunos de los cambios sociales necesarios para conseguir que las tecnologías sean, además de inclusivas para estas personas, universales en cuanto a su utilización y aplicaciones. En ese sentido, se logró que la Organización Mundial de la Propiedad Intelectual (OMPI) considerara la efectividad del Tratado de Marrakech que contempla excepciones a la legislación en materia de derechos de autor para la producción de obras que sean accesibles a las personas que tengan problemas para leer textos impresos.

Informe sobre la Medición de la Sociedad de la Información

El avance de los últimos años reportado tanto en el Informe sobre la Medición de la Sociedad de la Información de la UIT 2017, 2018, así como en las estadísticas y estimaciones para 2019 de este organismo, reflejan un incremento en el acceso a Internet, a telefonía móvil y servicios de banda ancha pero aún sin un crecimiento homogéneo entren todos los países y regiones.

Este informe constituye un referente único pues contempla el análisis mundial, regional y nacional, establece *el índice de desarrollo de las TIC (IDI)* (en una escala del 1 al 10) y confirma el progreso constante en materia de conectividad y utilización de tecnologías tomando como referencia 16 indicadores o factores de medición hasta 2017 y 18 indicadores a partir de 2018. Los datos arrojados en los informes recientes dan cuenta de la evolución del IDI en cada país y permiten establecer comparaciones a lo interno y a lo externo en el marco de cada indicador y del ranking alcanzado por otros países, regiones y a nivel mundial, convirtiéndose en un insumo importante para orientar las inquietudes investigativas respecto a la penetración e integración de las TIC en diversos sectores, así como para valorar las tendencias emergentes en materia de TIC.

En este sentido, la UIT (2017a), reporta como hallazgos significativos, los siguientes:

- La universalización de las redes de telefonía móvil, su dominio en la prestación de servicios básicos de telecomunicaciones y crecimiento de los servicios de banda ancha móvil.

- La existencia de importantes brechas digitales entre: (a) países desarrollados y en desarrollo, especialmente en los países menos adelantados (PMA), tanto en el uso de Internet como en la conectividad; (b) hombres y mujeres y (c) número de jóvenes en línea y personas de edad más avanzada.

- Las distintas regiones geográficas presentan niveles dispares de desarrollo de las TIC y las diferencias se asocian básicamente a su nivel de desarrollo económico.
- Europa sigue situándose al frente del desarrollo de las TIC y exhibe el valor promedio regional más elevado del mundo (7,50 puntos).
- Los Estados Unidos y Canadá encabezan la clasificación del IDI en la región de las Américas, en la cual la mayoría de los países se sitúan en los dos cuartiles intermedios, con solo dos países menos conectados y ubicados en el cuartil inferior (Cuba y Haití).
- La región de Asia y el Pacífico es la más heterogénea en cuanto al desarrollo de las TIC, así como la región de los Estados Árabes que presenta valores diversos en el marco del IDI.
- África continúa siendo la región con los valores más bajos del IDI.
- Las tendencias emergentes en materia de TIC apuntan hacia avances simultáneos en los ámbitos de la Internet de las cosas, el análisis de macrodatos, la computación en la nube y la inteligencia artificial, que contribuyen a la consecución de los ODS y se infiere que propiciarán grandes innovaciones para transformar los sectores empresarial, gubernamental y social en las próximas décadas.

En el estudio se advierte la necesidad de infraestructuras, competencias y servicios que faciliten el acceso a recursos informáticos escalables y a todos los beneficios de las TIC, así como la necesidad de transparencia para la realización de mediciones fidedignas respecto de la implantación y uso de las TIC. Finalmente se reconoce que la reducción de la brecha digital entre los países más y menos conectados sigue siendo un desafío.

Para el año siguiente, en el informe de la UIT (2018), los resultados de la medición muestran una tendencia general al alza en el acceso y uso de TIC. A finales de 2018, el 51,2% de las personas ya usaba Internet, lo que representa un paso importante hacia una sociedad de la información global más inclusiva y en 2019 se estima que ese porcentaje llegaría a un 53,6%. En los países desarrollados, cuatro de cada cinco personas estaban en línea. En los países en desarrollo, todavía había un amplio margen de crecimiento, con un 45% de las personas que utilizaba Internet. En los 47 países menos adelantados (PMA) del mundo, la captación de Internet seguía siendo relativamente baja y el 80% de sus habitantes aún no la utilizaba.

El crecimiento deberá incrementarse si se cumplen los objetivos de la Agenda 2030 de la UIT y la Comisión de Banda Ancha para el Desarrollo Sostenible. Estos incluyen una meta de penetración de Internet del 70% para 2023 y del 75% para 2025. Predomina el acceso móvil a los servicios básicos de telecomunicaciones, mientras que las suscripciones de teléfonos fijos continúan disminuyendo a largo plazo, las suscripciones de teléfonos móviles continúan creciendo para la mayoría de países pero de manera asimétrica entre las regiones. El acceso a banda ancha continúa demostrando un crecimiento sostenido. Las suscripciones de banda ancha fija aumentan continuamente, aunque en los PMA la velocidad de conexión es menor.

Además, la mayoría de las personas pueden acceder a Internet a través de una red 3G o de mayor calidad y en 2020 se apunta a la red 5G. El acceso a Internet en el hogar está ganando terreno, casi el 60% de los hogares tenían acceso a Internet en el hogar en 2018 y para 2019 ya el 87% de las personas en países desarrollados utilizaban Internet, en comparación con el 47% de los países en desarrollo. Se reconoce que la falta de habilidades en las TIC es un impedimento para que las personas accedan a Internet lo que está relacionado con la complejidad de algunas actividades.

Los datos también confirman que los usuarios de computadoras en los países desarrollados parecen poseer más habilidades en el uso de las TIC que los usuarios en los países en desarrollo, lo que se convierte en una limitación para el desarrollo en estos países y los PMA. El crecimiento en el ancho de banda internacional y el tráfico de Internet ha sido aún más fuerte, se infiere que motivado por el hecho de que las personas pasan más tiempo en línea realizando actividades intensivas en datos, videos y juegos, entre otros. Se sigue reconociendo la brecha digital de género y la necesidad de acciones más efectivas para superar barreras culturales, financieras y las relacionadas con las habilidades que impiden la adopción de Internet, especialmente entre las mujeres. Como novedad, a partir de 2019 serán publicadas las estadísticas y analíticas de medición de desarrollo digital de la UIT a medida que se vayan generando como *hechos y cifras.* UIT (2018), UIT (2019c).

Agenda Digital para América Latina y el Caribe (eLAC2020)

La Agenda digital para América Latina y el Caribe (eLAC) es una estrategia desarrollada por la CEPAL (2018) con un horizonte de logro hasta 2020 y plantea el uso de tecnologías digitales como instrumentos de desarrollo sostenible. Su misión es promover el desarrollo del ecosistema digital en América Latina y el Caribe mediante un proceso de integración y cooperación regional, fortaleciendo las políticas digitales que impulsen el conocimiento, la inclusión, la equidad, la innovación y la sostenibilidad ambiental.

Para generar una cultura, inclusión y habilidades digitales contempla entre otros objetivos: (1) Impulsar el desarrollo y la incorporación de habilidades digitales y de pensamiento computacional en los procesos de enseñanza-aprendizaje …; (2) Fortalecer las habilidades digitales avanzadas, técnicas y profesionales, además de proveer incentivos para que las empresas y los gobiernos capaciten continuamente a sus trabajadores y se mejore la productividad y la eficiencia; (3) Promover la producción, oferta y uso de los contenidos, bienes y servicios digitales como condición necesaria para la inclusión de personas con discapacidad y personas mayores en la sociedad de la información, especialmente para el trabajo y la educación y (4) Masificar el acceso a servicios digitales y la producción y oferta de contenidos, asegurando la inclusión de toda la población, estimulando esta producción también en lenguas indígenas y originarias, además de promover una cultura digital que incentive en los habitantes el desarrollo de habilidades y competencias digitales para el uso innovador, seguro y responsable de las TIC para una convivencia pacífica en línea.

Aun cuando, la mayoría de los países de América Latina y el Caribe se mantienen en los cuartiles intermedios del IDI (UIT, 2017a), se percibe el interés en propiciar el desarrollo de una cultura digital que además de responder a los requerimientos globales también se centra en la atención a las características particulares de cada país, como lo es la limitación de la participación de la mujer por barreras de género, los mayores o tercera edad, la formación en comunidades rurales y/o excluidas de servicios prioritarios con barreras lingüísticas y geográficas como ha sucedido con varias comunidades y etnias indígenas de la región donde aún el sistema eléctrico, la comunicación, la conexión a Internet y la dotación de equipos e infraestructura de diversa índole es una tarea pendiente.

En esta región, se han realizado algunos avances para dar respuesta a los compromisos asumidos en la CMSI 2003 y 2005 y los Marcos generados para la formación docente por la UNESCO, por lo que las propuestas de cada país toman estos marcos como referentes fundamentales al conformar sus proyectos de integración de las TIC a partir de las necesidades particulares y de su realidad política, educativa, económica e incluso geográfica y demográfica.

Aunque no se ha logrado la inclusión de todos los sectores en el uso de las TIC, por barreras tanto económicas como geográficas y educativas, cabe resaltar que existen experiencias en países como Argentina, México, Perú, Chile y Colombia que constituyen esfuerzos muy importantes en materia de integración de las TIC y principalmente para la creación de competencias tecnológicas o digitales en los docentes con miras a mejorar su desempeño e impacto en la calidad del proceso educativo.

Algunas propuestas para la integración de las TIC en la formación docente

A manera de ejemplo, citaré los trabajos de tres países que pueden servir como referentes para investigadores de España y América Latina por su originalidad y funcionalidad. Inicialmente referiré el de España que está ubicada en el ranking 27 a nivel mundial con un IDI de 7,79 (en una escala del 1 al 10), el de Argentina que se encuentra en el ranking 51 y posee un IDI de 6,79 y la propuesta de Colombia que ostenta el ranking 84 con un IDI de 5,36; los tres por encima de la media mundial que es de 5,11 y donde el país mejor ranqueado es Islandia (Iceland) con un IDI de 8,98 según Informe de la UIT (2017b).

Se incluyen estos trabajos porque representan un esfuerzo a nivel de políticas públicas y planes de gobierno a través de los Ministerios de Educación y sus áreas de innovación para derivar una propuesta particular. Se estima que su revisión permite obtener una mirada holística de los elementos intervinientes, presentados en diferentes niveles de complejidad y de manera didáctica y creativa. Como en otros documentos referidos, invito a consultar la fuente original a los fines de comprender en detalle toda la propuesta integradora de las TIC en estos países, así como a revisar la propuesta que corresponda al país donde se lleve a cabo la investigación.

España:

España ha sido un referente para muchos países de América Latina y el caribe para la integración de las TIC en los procesos educativos y de gestión escolar, así como en la investigación y documentación de experiencias en esta temática, en los últimos años sus investigadores han compartido en diferentes eventos científicos y proyectos en el área de las TIC.

En este país, el Instituto Nacional de Tecnologías Educativas y Formación del Profesorado (INTEF) (2017), ha desarrollado el *Marco Común de la competencia digital docente* y representa una referencia para el diagnóstico y la mejora de las competencias digitales del profesorado, las cuales se estima que deben desarrollar los docentes del siglo XXI para orientar la práctica educativa y el desarrollo profesional continuo. Este Marco está conformado por 5 áreas competenciales y 21 competencias estructuradas en 6 niveles. Cada una de estas competencias ofrece una descripción detallada, así como descriptores basados en términos de conocimientos, capacidades y actitudes. El mismo parte de la adaptación a lo establecido en el Marco Europeo de Competencia Digital para el Ciudadano y el Marco Europeo de Competencia Digital para Educadores.

Para cada una de las 5 áreas de competencias observadas en el gráfico 5, este Marco establece tres dimensiones: básica, intermedia y avanzada y para cada una de ellas se establecen 2 niveles (A1 y A2 para la básica, B1 y B2 para la intermedia y C1 y C2 para la avanzada). Esta estructura persigue identificar el nivel de competencia digital del docente y su desarrollo progresivo, su revisión y análisis permite tanto autoevaluarse como desarrollar planes que incluyan el diagnóstico y la formación del docente. Ver gráfico 5.

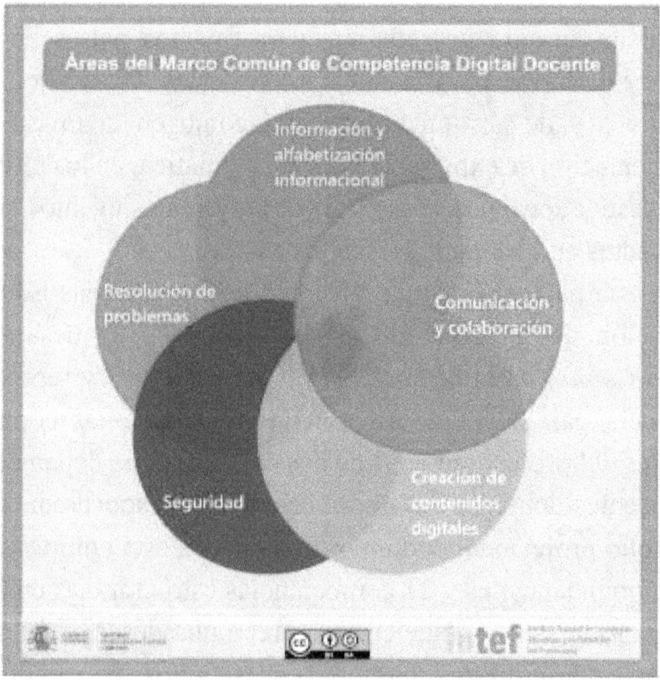

Gráfico 5. Áreas del Marco Común de Competencia Digital Docente. Tomado de: INTEF (ob. cit.)

Argentina:

En Argentina, el Plan Nacional Integral de Educación Digital (PLANIED) (2017), generó el documento Competencias de Educación Digital, con el propósito de promover la alfabetización digital centrada en el aprendizaje de competencias y saberes necesarios para la inserción en la cultura contemporánea y en la sociedad del futuro según lo establecido en la Agenda 2030 para el Desarrollo Sostenible. En tal sentido, propone las competencias más relevantes para la inserción en la sociedad digital, las habilidades se agrupan en distintos apartados, están interconectadas, son dependientes, en la práctica se entienden como seis dimensiones que se articulan de modo integral y para las cuales se propone una revisión continua para su adaptación a la reconfiguración permanente de la cultura digital.

El PLANIED (ob. cit.), asume las TIC como formas culturales y como espacios en los cuales no solo circula información, sino también las distintas dimensiones que permiten configurar la subjetividad y construir conocimiento. "En el espacio simbólico de las TIC, convergen tanto el juego, la exploración, la creatividad y la fantasía como el pensamiento crítico, la información, la comunicación y la colaboración, debiendo entenderse estas categorías como un todo integrado". (p. 7) Se incluye a manera de ejemplo la articulación con competencias de educación digital y se recomienda visualizar la referencia en formato original para apreciar más detalles.

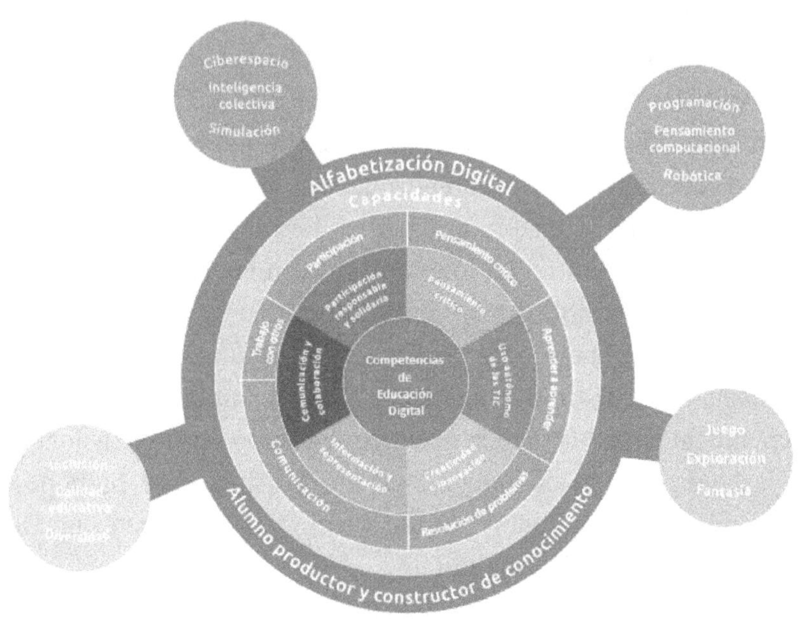

Gráfico 6: Articulación con competencias de educación digital. Tomado de PLANIED (ob. cit.)

Colombia:

En el caso de Colombia, el trabajo liderado por el Ministerio de Educación a través de la Secretaría de Innovación propone el desarrollo de competencias y apropiación de las TIC para sus usos pedagógicos, el resultado de este esfuerzo se plasma en el documento *Competencias TIC para el Desarrollo Profesional Docente*, del Ministerio de Educación de Colombia (2013). El mismo resultó del consenso con expertos y representantes de instituciones educativas para construir acuerdos conceptuales y lineamientos que se concretan en el Pentágono de competencias TIC, el cual contempla cinco competencias que son: tecnológica, comunicativa, pedagógica, investigativa y de gestión, las competencias se desarrollan y evidencian en diferentes niveles, momentos o grados de complejidad, los cuales se vinculan con un grado de dominio y profundidad cada vez mayor, donde el nivel básico es el momento de exploración, el intermedio es integración y el nivel más alto el de innovación.

El nivel o *momento de exploración*, permite el acercamiento a los conocimientos que se constituyen en la posibilidad para acceder a estados de mayor elaboración conceptual, persigue romper miedos o prejuicios y conocer la gama de posibilidades que se abren con las TIC. En el nivel o *momento de integración*, se plantea el uso de los conocimientos ya apropiados para la resolución de problemas en diferentes contextos a partir del desarrollo de la autonomía del docente en la integración creativa de las TIC en los procesos educativos, la planeación, la evaluación y la práctica pedagógica, aprovechando los recursos disponibles en línea, la formación y participación en redes, así como integrarlas en el diseño curricular, el proyecto pedagógico y la gestión y en el tercer nivel o *momento de innovación*, se hace hincapié en los ejercicios de creación para transferir lo aprendido a nuevas posibilidades de acción o explicación, generar nuevas ideas, crear y construir colectivamente nuevos conocimientos y estrategias novedosas para reconfigurar la práctica educativa.

A manera de ejemplo mostraré lo relativo a la presentación de la competencia tecnológica, de modo que se visualice su secuencia y excelente presentación didáctica, en la fuente original se puede revisar con más especificidad cada una de estas competencias, así como sus momentos o niveles y atributos correspondientes.

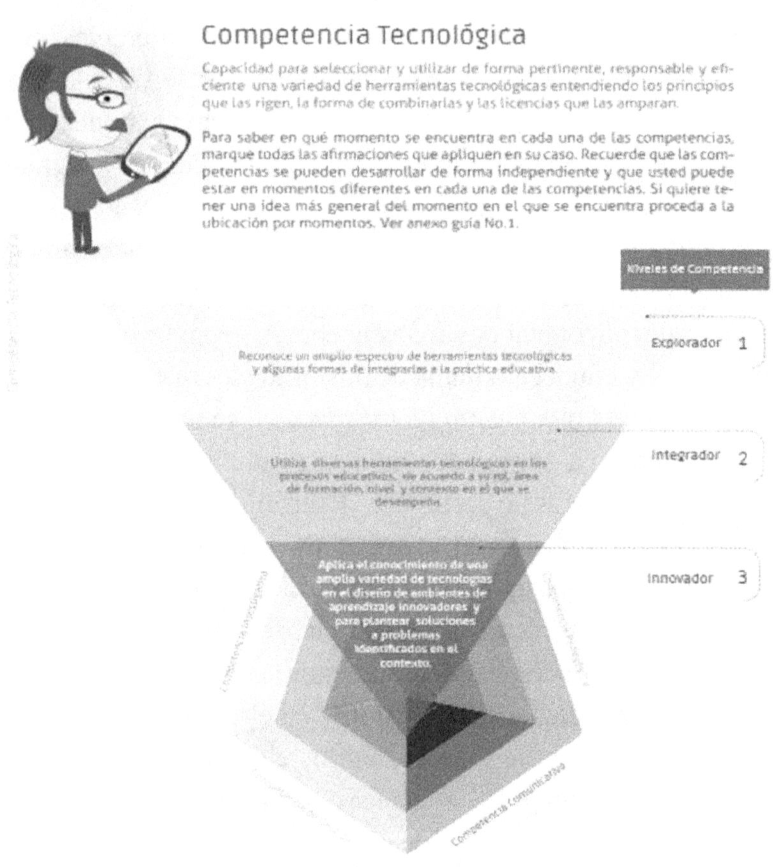

Gráfico 7. Competencia tecnológica. Tomado de Ministerio de Educación de Colombia (ob. cit.).

Los ejemplos referidos son solo una muestra del intento particular de cada país por emprender acciones en pro de mejorar la formación en competencias tecnológicas y profundizar en la integración de las TIC, la revisión de estos y otros referentes puede resultar de ayuda al analizar como han sido formulados, así como también para valorar la propuesta a lo interno de cada país, establecer comparaciones y obtener referentes de buenas prácticas.

Indicadores de la UNESCO sobre la universalidad de Internet

La UNESCO (2018) ha establecido los *Indicadores sobre la universalidad de Internet,* los cuales se resumen en la sigla DAAM y se consideran clave para el desarrollo de Internet y el logro de los ODS. Estos principios se detallan en la concepción de la sigla DAAM, que significa; D: que Internet esté basada en los *Derechos humanos*; A: que sea *Abierta*; A: que sea *Accesible* para todos y M: que cuente con la participación de *Múltiples* partes interesadas.

Incluye indicadores contextuales que ofrecen información de referencia importante para interpretar los hallazgos derivados de los indicadores de estas categorías. Estos indicadores contextuales han sido tomados de bases de datos o índices compilados por organizaciones internacionales de diverso tipo y se distribuyen en los siguientes seis grupos: (1) Indicadores económicos; (2) Indicadores demográficos; (3) Indicadores del desarrollo; (4) Indicadores de la igualdad; (5) Indicadores de gobernanza y (6) Indicadores de desarrollo de las TIC. Estos indicadores contextuales reflejan valores cuantitativos y son útiles a la hora de evaluar el desempeño de un país en comparación con otros países y de elaborar tendencias en su desempeño dentro de un contexto general, ya que sus bases de datos incluyen a la mayoría de los países del mundo, con la excepción de algunos países menos desarrollados sobre los cuales se emplean estimaciones basadas en datos históricos o en datos relativos a países comparables.

En lo que respecta a los *indicadores de desarrollo de las TIC,* estos se refieren al nivel general de preparación y desempeño en materia de TIC y proporcionan evaluaciones generales sobre los entornos de TIC dentro de los cuales se ubican los indicadores de la universalidad de Internet. Incluyen índice de desarrollo de las TIC relativo al acceso, uso y habilidades en materia de TIC; el índice de conectividad móvil que combina datos relativos a la infraestructura, asequibilidad, preparación de los consumidores y contenidos de la conectividad móvil; el índice de disposición a la conectividad, que considera el entorno nacional de las TIC, el estado de preparación de los diversos actores para la utilización de las TIC, su utilización real y además los datos correspondientes al comercio electrónico, como aspecto que evidencia el desarrollo de las TIC. Las fuentes primarias de estos datos estadísticos son el índice de desarrollo de las TIC, elaborado por la UIT, el índice de disposición a la conectividad del Foro Económico Mundial, el índice de comercio electrónico de empresa a consumidor elaborado por la Conferencia de las Naciones Unidas sobre Comercio y Desarrollo CNUCYD.

Como se evidencia en los párrafos precedentes, existe una amplia documentación, Marcos, bases de datos e indicadores a nivel internacional, así como un trabajo permanente para registrar y analizar los avances en materia de TIC, conexión y usos de Internet, servicios de telefonía fija y móvil, comunicaciones y banda ancha, que persiguen como fin último apoyar las líneas de acción que viabilicen el acceso a Internet a cada vez mayor número de personas, a la conformación de competencias digitales de los ciudadanos, la adecuación de contextos para dar respuesta al mundo global, mediante la reducción de la brecha digital y la integración escalable de las TIC en hogares y centros educativos.

Aquellos investigadores que se encuentren desarrollando el marco jurídico o legal de su estudio, además de algunos de los referentes internacionales que he mencionado y otros que seguramente se han venido publicando recientemente, a los fines de organizar la pirámide de Kelsen (representación gráfica de un sistema jurídico sobre la base del principio de jerarquía), el siguiente aspecto que deben considerar es el marco nacional, regional e institucional, el cual debe partir de lo establecido en la Constitución Nacional y la Ley Orgánica de Educación vigentes en cada país, así como en otras Leyes, Reglamentos y Decretos, políticas institucionales, su misión y visión, entre otras fuentes en las que se aborde el derecho a la educación, la comunicación, el aprendizaje permanente, el acceso a los colectivos menos incluidos (mujeres, adultos mayores, desempleados, discapacitados, inmigrantes, entre otros) y el acceso a las TIC con fines formativos y de mejora de la calidad educativa.

A la luz de los referentes y los comentarios incluidos en este capítulo, surge también un amplio número de interrogantes que pueden convertirse en objeto de estudio y/o direccionar la selección de la temática por parte del investigador.

Preguntas de investigación

- ¿Qué marco legal sustenta las políticas en materia de TIC para su incorporación en el sector educativo?, ¿Se está aplicando este marco de manera homóloga a nivel internacional y nacional?

- ¿Cuáles debilidades y fortalezas se vislumbran en el marco legal internacional, nacional e institucional para apoyar procesos educativos mediados por las TIC?

- ¿Qué características posee el Plan, Programa o marco de referencia del país en que se aspira hacer investigación para la incorporación de las TIC en los diversos sectores, la inversión y el mantenimiento en infraestructura TIC y el desarrollo de competencias tecnológicas?

- ¿Qué se ha estudiado, desde la sociología y la pedagogía sobre la incursión de las TIC en América Latina, el Caribe y Europa?, ¿Qué esfuerzos pueden compartirse, adoptarse y/o adaptarse?, ¿Qué experiencias se reportan a nivel de América Latina, el Caribe y África para propiciar la inclusión de las TIC en el aprendizaje permanente, que elementos podemos tomar como referencia para configurar nuevas competencias y programas de ayuda e integración en estas regiones?

- ¿Qué experiencias de países con un alto IDI pueden transferirse, replicarse o adaptarse a contextos particulares para lograr el avance en materia de TIC? ¿Cómo la comunidad internacional apoya el desarrollo de países en cuartiles inferiores del IDI?, ¿Qué evidencias muestran los países sobre la transparencia en la administración de recursos físicos, financieros y tecnológicos para reducir la brecha digital?

- ¿Qué Índice de Desarrollo de las TIC (IDI) posee el país en que pretendo desarrollar la investigación y en que ranking está ubicado?, ¿Qué datos se obtienen para cada uno de los indicadores que se consideran en la evaluación del IDI, cómo han evolucionado con respecto a mediciones de años anteriores y como contrastan con los datos de países de la misma región y del mundo con el mismo tipo de economía o con otras más desarrolladas?

- ¿Qué elementos influyen en la variación del IDI?, ¿Quiénes reportan los datos para el IDI?, ¿Son fiables los datos aportados para calcular el IDI en todos los países?, ¿Qué podemos realizar a nivel institucional, educativo y a nivel de políticas públicas para acercarnos a un mejor ranking del IDI y superar la brecha tecnológica?

- ¿Qué elementos pueden considerarse para abordar estudios comparativos en materia de integración de las TIC en educación y gestión?

- ¿Cómo se manifiestan en el país los indicadores de la UNESCO sobre la universalidad de Internet y como contrastan con los datos de países de la misma región y del mundo?, ¿Qué otros indicadores podemos revisar y valorar para garantizar el acceso a la educación con calidad, pertinencia, equidad e inclusión?

- ¿Cuáles estrategias pueden favorecer la inclusión y formación para el uso de las TIC de los grupos y comunidades menos favorecidas, las mujeres y niñas, las etnias, las comunidades rurales, los indígenas, las personas de la tercera edad, los desempleados de corta o larga duración, los inmigrantes y las personas con discapacidad?

CAPÍTULO III

COMPETENCIAS TECNOLÓGICAS Y FORMACIÓN DOCENTE

*La capacidad de verbalizar la acción
es justamente una competencia propia del formador.*

Mastache

Si bien las TIC permiten el acceso a grandes cantidades de información y han favorecido el surgimiento de comunidades científicas, redes y grupos con fines diversos, también es cierto que las tecnologías por sí mismas no propician la construcción del conocimiento, es necesario que el individuo posea capacidades de autorregulación, autonomía, metacognición y se encuentre preparado para el aprendizaje cooperativo y en red, por lo tanto, estas competencias no se adquieren de manera tradicional, forman parte también de un aprendizaje para la red, para la comunicación y la interacción en ella, en consecuencia, es fundamental la apropiación intencionada, gradual y consciente que el docente haga de las TIC desde la dimensión pedagógica, pues solo conectarse a la red no es sinónimo de compartir y construir conocimiento.

El desarrollo de competencias del docente en TIC para su aplicación en y fuera del aula, constituye una temática que no termina de agotarse, aun cuando existen esfuerzos importantes -como el realizado por la UNESCO, la Unión Europea y varios países de América Latina y el Caribe-, por indicar cuáles deben ser esas competencias, no se ha obtenido la capacitación masiva y/o el convencimiento pleno de los docentes que permita asegurar el logro de competencias básicas, intermedias y avanzadas para el uso de las TIC tanto en el aprendizaje como en las actividades de planificación, ejecución, evaluación y gestión del proceso educativo, porque el término competencias integra además de conocimientos, habilidades y actitudes. En tal sentido, se revisa a continuación la concepción de varios autores con respecto a este término, dado que existen varias acepciones, entre otras razones, por tratarse de un término que surge del sector empresarial.

Un acercamiento al término competencias

En torno a la definición de competencias, Mauri y Onrubia (2008), señalan que el término es altamente polisémico y que al emplearlo se pone el acento sobre los conocimientos de diferente tipo que se estiman imprescindibles para llevar a cabo actividades relevantes y significativas en contextos variados y funcionales, por lo que integran conocimientos y capacidades. Además, son procesos complejos porque implican la interacción con muchas dimensiones del ser humano y del contexto, como también la asunción y afrontamiento de la incertidumbre, uno de los grandes retos para la educación (Morin en Tobón, Rial, Carretero y García, 2006).

En este ámbito, conviene aclarar que las competencias son un enfoque para la educación y no un modelo pedagógico. Se consideran un enfoque porque se focalizan en aspectos específicos de la docencia, del aprendizaje y de la evaluación, como son: (a) la integración de los conocimientos, los procesos cognoscitivos, las destrezas, las habilidades, los valores y las actitudes en el desempeño de actividades y solución de problemas; (b) la construcción de los programas de formación acorde con los requerimientos disciplinares, investigativos, profesionales, sociales, ambientales y laborales del contexto; y (c) la orientación del proceso educativo mediante estándares e indicadores de calidad en todos sus procesos. Tobón (2006).

Además, según Tobón (citado por Mastache, 2009) la formación por competencias se asienta en los siguientes principios: (a) respuesta a los requerimientos del entorno social y empresarial; (b) enfoque hacia la actuación en determinados contextos; (c) respuesta a los grandes retos de la humanidad; (d) gestión del conocimiento; (e) eje en el aprendizaje y no en la enseñanza; (f) flexibilidad del diseño curricular; (g) autorregulación como eje del proceso de aprendizaje y (h) estrategias para procesar y manejar información como elemento central.

El mismo Tobón (ob. cit.), acota que se han establecido definiciones reduccionistas y plantea que las competencias son procesos complejos de desempeño con idoneidad y responsabilidad en determinado contexto, que además no son estáticas sino dinámicas y por lo tanto deben vincularse con otros conceptos. En este sentido, propone 6 aspectos a considerar al establecer competencias, los cuales se presentan en el siguiente gráfico a los fines de presentarlos de manera didáctica.

1. Procesos: son acciones llevadas a cabo con un fin y por lo tanto se puede identificar su inicio y final. Requieren articular diferentes elementos y recursos.

6.Responsabilidad: implica analizar antes de actuar las consecuencias de los propios actos, responder por sus consecuencias y buscar corregir los errores.

2.Complejos: se refiere a lo multidimensional, la evolución y la articulación de diversas dimensiones humanas, muchas veces en incertidumbre.

Aspectos de las competencias

5.Contextos: constituyen el campo disciplinar, social, cultural y ambiental, que rodean e influyen una situación y el ámbito en que se ponen de manifiesto.

3.Desempeño: es la actuación al realizar actividades, analizar y resolver problemas, implica articular las dimensiones cognoscitiva, actitudinal y el hacer.

4.Idoneidad: se refiere a realizar las actividades cumpliendo con los indicadores o criterios de eficacia, eficiencia, efectividad, pertinencia y apropiación.

Gráfico 8. Aspectos de las competencias, según Tobón (2006). Organización de la autora.

Por su parte, Gómez (2012), integra esta variedad de elementos y acota que la competencia se refiere a la capacidad, aptitud, destreza, habilidad, disposición, intención para hacer, promover, gestionar, realizar, ejecutar cierta actividad o proceso que conlleve al individuo a involucrarse total y conscientemente en un área o tarea específica y en un contexto determinado. Implica demostrar el dominio teórico- práctico de su disciplina y además evidenciar con idoneidad que puede trabajar desde la transdisciplinariedad, desde al discurso hasta la realidad, responsabilizándose competente y éticamente de los efectos que sus saberes y acciones produzcan en sí mismo, su sociedad y su mundo global. Resalta también la capacidad de readaptarse a los rápidos cambios del mundo actual, sin perder de vista su origen y su trascendencia y ubicándose en los micros y macro contextos para tener una verdadera evidencia de sus multicapacidades de acción.

Según el Observatorio de Tecnología Educativa del Tecnológico de Monterrey (2015), una competencia es la integración de conocimientos, habilidades, actitudes y valores que permite a una persona desenvolverse de manera eficaz en diversos contextos y desempeñar adecuadamente una función, actividad o tarea.

A la luz de las referencias revisadas, coincido en que el término competencias implica no solo el saber teórico y el componente cognitivo, va más allá, incorpora la motivación, las actitudes, el desempeño, la acción y la integración de los procesos cognitivos en el hacer, las habilidades, la ética ante la tarea, los agentes sociales y el contexto en que se realiza, con la responsabilidad en la trascendencia del saber hacer como individuo y como parte de una organización y una sociedad; con la flexibilidad y capacidad para generar, integrar y transferir conocimientos para resolver situaciones problema en las cuales el estudiante o el profesional debe saber manejarse consciente y responsablemente ante la incertidumbre, la complejidad y la heterogeneidad de equipos de trabajo. Por eso, los perfiles profesionales cada vez se centran más en competencias que en objetivos y valoran la actitud y la inteligencia emocional más que el récord académico, lo que orienta a adoptar modelos curriculares más abiertos y flexibles.

El Modelo de Educación Basada en Competencias (EBC) se concentra en conectar la formación y el aprendizaje del estudiante con el mundo laboral para responder a las demandas de la sociedad en permanente transformación, así como también responder a las necesidades del sector productivo (Tuning, citado por el Observatorio de Tecnología Educativa, ob.cit.). Según este Observatorio, los beneficios de la EBC son: (a) Enfoque en las necesidades de la sociedad y el mundo laboral; (b) Reconocimiento de aprendizajes previos; (c) Flexibilidad y accesibilidad; (d) Autogestión del aprendizaje; (e) Transparencia en las capacidades de los egresados; (f) Formación integral y transversal y (7) Desarrollo de nuevas competencias docentes. No obstante, surgen algunas críticas como su enfoque en la empleabilidad de los estudiantes y desafíos como mayor reconocimiento y entendimiento del modelo; correspondencia entre el currículum y las necesidades del entorno; reconocimiento de aprendizajes previos; transferibilidad de competencias, entre otros. Mientras que en sus sugerencias para los líderes incluyen: Involucrar al profesorado en el proceso curricular, generar estrategias de evaluación del modelo, crear un equipo multidisciplinario, recopilar experiencias previas de la institución y realizar investigación comparativa. Como se evidencia, es un proceso que lleva al aprendizaje sobre el hacer a partir de la investigación en las diferentes fases de aplicación.

En el caso de la formación docente, Díaz-Barriga (2012), señala que las competencias deben enfocarse en la aplicación y uso de las tecnologías. Así, un docente competente en el empleo de las TIC será aquel que sepa qué, cómo y cuándo enfrentar las situaciones que le plantea su acción educativa, siendo capaz de reaccionar ante la complejidad y la incertidumbre de la cotidianidad del aula. Apunta que cuando se adopta la idea de competencia como prescripción abierta, se concibe que un docente competente es aquel que sabe tomar iniciativas y decisiones, negociar, hacer elecciones en condiciones de riesgo, innovar y asumir responsabilidades. Adicionalmente agrega:

> Para enseñar competencias (y para formar a los docentes en competencias con la meta de que transformen las prácticas en el aula), no basta con elaborar referenciales de competencias e insertarlas en el currículo, tampoco con la transmisión de conocimientos o la automatización de procedimientos. Parea enseñar competencias se requiere crear situaciones didácticas que permitan enfrentar directamente a los estudiantes (o a los docentes en formación/servicio) a las tareas que se espera que resuelvan. Se requiere asimismo que adquieran y aprendan a movilizar los recursos indispensables y que lo hagan con fundamento en procesos de reflexión metacognitiva o autorregulación. Los programas y objetivos de formación, desde la mirada de la educación por competencias, no se derivan en términos de conocimientos estáticos o declarativos, sino en términos de actividades generativas y tareas-problemas que la persona en formación deberá enfrentar. (p.142)

De allí que los programas formativos bajo el enfoque por competencias deben ir orientados a la búsqueda de conocimientos dinámicos, propiciar la investigación para la solución de problemas y estudios de casos vinculados a situaciones particulares del campo laboral, profesional y/o de la cotidianidad del individuo de manera que se conviertan en significativos y pueda actuar coherentemente y con idoneidad en momentos de incertidumbre. Por lo cual, el enfoque por competencias pone énfasis en el desarrollo disciplinar pero también en el marco del momento histórico que vivimos y las características y necesidades del campo laboral, la economía y el proceso de globalización.

Con respecto a los docentes, Mastache (ob. cit.), señala que las competencias de un buen facilitador del desarrollo de competencias y capacidades profesionales son diferentes de las requeridas para ser un buen profesional en otra área y también de las requeridas para ser un buen transmisor de conocimientos. Por ello el docente debe ser un profesional, contar con conocimientos suficientes, niveles de desempeño adecuados, ser capaz de poner en palabras aquello que se requiere para un buen desempeño, "la capacidad de verbalizar la acción es justamente una competencia propia del formador" (p.138), así podrá explicitar los modos de hacer correctos e incorrectos, efectuar recomendaciones y, en consecuencia, acelerar los procesos de mejora del desempeño.

En cuanto a las TIC, Berzosa (ob.cit.) refiere tres facetas específicas de formación sobre las que deben poseer competencias los docentes, *la faceta instrumental* para que sean usuarios de las TIC como cualquier otro ciudadano, *la faceta didáctica* para que puedan enseñar con las TIC y *la faceta educativa* también para que puedan enseñar acerca de las TIC.

Estas facetas coinciden con las que venían estableciendo Marcelo, Puente, Ballesteros y Palazón (2002) y que a mi juicio reportan aspectos que mantienen vigencia respecto a las competencias docentes para el desempeño específico y exitoso para el aprendizaje en la red y concretamente en entornos virtuales de aprendizaje, estas las presentan en tres competencias fundamentales: la didáctica, la tecnológica y la tutorial, aunque el devenir del tiempo permite actualizarlas, las describen en los siguientes términos.

La competencia tecnológica, está relacionada con el dominio de destrezas técnicas básicas, (hardware, gestión de ficheros, navegación, diseño de aplicaciones multimedia, páginas web, software de autor, aplicaciones de Internet), interés por la renovación y actualización permanente y capacidad para simplificar los aspectos tecnológicos y procedimentales para que el estudiante se centre en lo exclusivamente formativo.

La competencia didáctica se asocia con el conocimiento de las teorías y principios del aprendizaje, el dominio científico del área específica de conocimiento, la capacidad de adaptación a nuevos formatos de formación, actitud creativa e innovadora ante la variedad de oportunidades que ofrece la red, habilidades para la comunicación y transmisión de información, para seleccionar y organizar contenidos de manera significativa, capacidad para el diseño de ambientes de aprendizaje basados en la red y de posible autodirección y autorregulación por parte del estudiante y capacidad para crear materiales, tareas relevantes y de fácil transferencia a situaciones específicas. A este aspecto agregaría el conocimiento y aplicación del modelo pedagógico en el diseño de los proyectos pedagógicos de aula, el plan de clase o como se denomine en determinados contextos y la integración de las TIC con el resto de componentes curriculares.

Finalmente, *la competencia tutorial*, se vincula con habilidades de comunicación, capacidad de adaptación a los distintos usuarios, orientación realista de la planificación, mentalidad abierta y constancia para realizar seguimiento del progreso del estudiante y predisposición para asumir roles polivalentes de acuerdo con las situaciones de aprendizaje.

Estas competencias se relacionan estrechamente con lo pedagógico, lo tecnológico y lo instrumental para el desempeño docente en la modalidad de estudios tanto virtual como semipresencial, vale resaltar el énfasis en lo pedagógico y didáctico, porque justamente el conocimiento de estos aspectos hace la diferencia entre profesionales que pertenecen o no al campo de la docencia y que son necesarios para el desempeño docente desde planificar, ejecutar (desarrollar) y evaluar, y desempeñarse en atención a los principios de las teorías del aprendizaje y la enseñanza, el modelo pedagógico asumido y teniendo en cuenta la diversidad de estrategias didácticas creativas e innovadoras que se pueden emplear en atención a los estilos de aprendizaje, los medios didácticos disponibles, la gamificación y la lúdica, los diferentes tipos, estrategias y formas de participación en la evaluación, entre otros.

Más recientemente, ha cobrado particular interés la incorporación de la gamificación entre los recursos disponibles para apoyar el aprendizaje activo, propiciando la solución de situaciones altamente motivadoras y transformadoras, no solo mediante juegos tradicionales sino también con videojuegos que incorporan las TIC y propician la aplicación de procesos cognitivos en función de los objetivos pedagógicos. Llevar estos juegos al aula implica su conocimiento y adaptación a la planificación didáctica, reconocer los beneficios de la lúdica para el desarrollo de la dimensión cognitiva, social y emocional, revisar la tipología de juegos de la que se dispone y desarrollar habilidades para su uso.

En este sentido, según Martínez, Martínez y Alonso (2018) se ha expuesto que las innovaciones tecnológicas no siempre consiguen el compromiso de los estudiantes si no están programadas claramente, siendo necesario que ellos mismos puedan comprobar su progreso, identificar qué recompensas están obteniendo con su actuación y desempeñar un rol al que se conectan acciones específicas que contribuyen al logro de los objetivos previstos. En tal sentido, poner en práctica la gamificación, la realidad aumentada, entre otras opciones, al igual que en otras tareas potencialmente significativas sugiere un proceso de investigación y sensibilización permanente sobre la práctica docente.

Para profundizar e incorporar nuevos roles en el proceso de virtualización del aprendizaje, además de los cuatro pilares de la educación de Delors (1996) aprender a ser, aprender a conocer, aprender a hacer y aprender a vivir juntos, conviene revisar el aporte de Berge, Hepp McPerson y Nunes, Salmon, Monereo y Savery (citados por Mauri y Onrubia, 2008), quienes presentan importantes aportes con respecto al rol de mediador en estos espacios y los ubican en cuatro grandes ámbitos: *el pedagógico*, relacionado con el desarrollo de un proceso de aprendizaje virtual eficaz; *el social*, vinculado al impulso de un entorno de aprendizaje con un clima emocional y afectivo confortable en el que los estudiantes sienten que el aprendizaje es posible; *el de organización y gestión*, relacionado con el establecimiento de un diseño instruccional adecuado que incluye animar a los implicados a ser claros en sus contribuciones y finalmente *el técnico*, que abarca actuaciones dirigidas a ayudar a los estudiantes a sentirse competentes y confortables con los diferentes recursos y herramientas.

A estos cuatro ámbitos, agrego el ámbito *investigativo*, ya que viene a reforzar el desarrollo de los roles anteriores y mantener en constante búsqueda e indagación al docente para descubrir y comprender las diversas problemáticas que pueden surgir y como abordarlas; así como también las experiencias exitosas que pudiera replicar, adaptar o compartir con sus pares tanto en el proceso de enseñanza y aprendizaje de una disciplina en particular, como en su área específica de formación, conocimiento, gestión y organización escolar. Además, aceptar que esos ámbitos deben reconocer el papel de la motivación, la afectividad, la tolerancia y el respeto a la diversidad en comunidades de aprendizaje que aunque sean virtuales implican la interacción con muchas dimensiones del ser humano y del contexto, generalmente variable e incierto. El gráfico 9 muestra la integración de los ámbitos referidos.

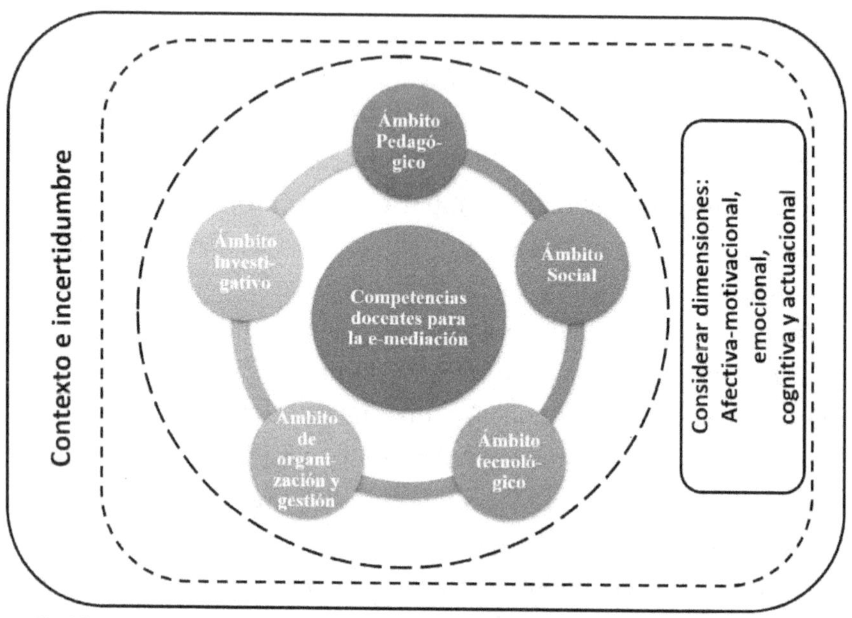

Gráfico 9. Competencias del e-moderador. Organización propia.

La evaluación de proyectos y competencias digitales

Si bien es necesario valorar el proceso de evaluación de los aprendizajes, la pertinencia de sus estrategias, métodos y técnicas, así como la evaluación del docente, los medios y las formas de participación de los diversos actores, la integración de las TIC trae consigo la necesidad de evaluar aspectos adicionales. Uno de los aspectos que cobra relevancia a nivel educativo y empresarial es la evaluación de la pertinencia de los proyectos de integración de las TIC y de las competencias tecnológicas o digitales, pues si bien es importante plantear cuales deben ser esas competencias, también es importante discriminar como podemos determinar su presencia en determinados perfiles y más concretamente, como evaluarlas.

A nivel de Europa y América Latina se han realizado evaluaciones vinculadas con las TIC en el escenario educativo, por ejemplo la de Pedró (2016) (UNESCO/París) y la de Peirano (2016) (Grupo Educativo/Chile), quienes analizaron las características de ese escenario y convergen en un punto crucial: es necesario que los profesores y estudiantes perciban la tecnología como importante en el ámbito educativo y concuerdan en que en la actualidad existe una predisposición de la sociedad para el uso de tecnologías digitales en la vida personal, pero esa predisposición no se transfiere automáticamente a la escuela. Según los autores, en los ambientes formales de enseñanza, el cambio de prácticas y metodologías tradicionales requiere de una propuesta pedagógica atrayente, pero también eficaz en la percepción de los educadores.

Para que se den las condiciones de que profesores, directivos y estudiantes perciban esa *potencialidad de las tecnologías*, debe existir un interés genuino en la reformulación de la escuela. En este sentido, se preguntan ¿qué es necesario evaluar en este escenario?, y entre otros elementos citan las políticas públicas, la reflexión sobre los modelos pedagógicos, el aporte de las evaluaciones para el debate de los proyectos en desarrollo, la efectividad del uso de la tecnología, las plataformas educativas, la infraestructura tecnológica, más que solo evaluar el rendimiento de los estudiantes, podemos agregar también la calidad y pertinencia de los contenidos digitales, de las estrategias didácticas implementadas, las estrategias de evaluación, la existencia o no de otras formas de participación en la evaluación más que la evaluación del docente, entre otros.

Se parte de la premisa que aun cuando se distribuya una gran cantidad de ordenadores no se garantizará ninguno de los cambios si no se le reconoce como una herramienta para que los estudiantes aprendan más y mejor. "Si se cuenta con las competencias apropiadas, *el criterio decisivo es la percepción de la utilidad*. Esta percepción se puede definir como la anticipación de las eficiencias previsibles que la adopción de una solución tecnológica permitiría conseguir". (Pedró, ob. cit. p.27)

Al respecto han surgido iniciativas para evaluar y realizar seguimiento a la inclusión de las TIC en el ámbito educativo, una de ellas fue desarrollada en Colombia y se expone en el Documento COMPES, del Consejo Nacional de Política Económica y Social (2020). Entre otros aspectos, este documento plantea líneas de acción para el fortalecimiento del monitoreo y evaluación del uso, acceso e impacto de las tecnologías digitales en la educación. Contempla la participación y adopción de todos los actores del ecosistema de innovación educativa en mesas de trabajo y procesos de socialización, a partir de un modelo de monitoreo y evaluación estandarizada para medir y hacer seguimiento del acceso y uso de las TIC en este campo, a nivel operativo combina el diseño y uso de instrumentos de tipo cuantitativo y cualitativo, para promover acciones que conduzcan a la implementación del Índice de Innovación Educativa. (pp. 57-59)

En el caso particular de la evaluación de competencias digitales, en España, el Instituto de Ingeniería del Conocimiento (IIC) (2020), reconoce las posibilidades de las TIC para las relaciones, la gestión y el trabajo en las organizaciones y resalta su utilidad en situaciones como la vivida en tiempo de pandemia del COVID-19, que obligaron a recurrir al aprendizaje online y al teletrabajo. Con la finalidad de valorar las competencias digitales en el nuevo escenario laboral, el IIC creó eValue, que es una prueba online para evaluar competencias digitales, forma parte del sistema de evaluación de competencias y está orientada a conocer tanto el nivel de competencia digital de los profesionales como también qué personas podrán adaptarse mejor a los cambios producidos por la incorporación de tecnologías, quienes mostrarán mayor interés y capacidad de aprendizaje y aportarán valor a su trabajo a través de herramientas y recursos digitales. Para ello exploran tres dimensiones: (a) Opinión acerca de la tecnología, (2) predisposición al uso de la tecnología y (3) Competencia digital. El instituto estima que conocer el nivel de competencia digital de un candidato o empleado es un insumo importante para la promoción interna y el diseño de acciones formativas, lo que convierte a eValue en una prueba de gran utilidad.

La competencia digital docente (CDD) fue estudiada por Padilla, Gámiz y Romero (2020), a través de relatos de vida de estos profesionales y observaron que apuntaron a cambios en la CDD a partir de cuatro conjuntos de incidentes críticos y entre ellos mencionan: (a) El desarrollo de estas competencias se origina a partir de los antecedentes del uso de las TIC en ámbitos como el familiar, el social y el laboral. (b) Los primeros usos de las TIC se vincularon con selección y creación de contenidos y exploración inicial de recursos digitales para el aprendizaje y la docencia, estas experiencias se corresponden con niveles básicos e intermedios de competencias. (c) En cuanto al desarrollo de proyectos e iniciativas con el uso de TIC, los docentes emplearon las tecnologías para crear entornos digitales para el aprendizaje; favorecer la participación activa de los estudiantes; compartir recursos en abierto; facilitar la innovación social; generar sinergias, trabajo en red, continuar la formación propia y la de otros docentes. (d) Los tipos de cambio evidencian una relación estrecha entre la visión pedagógica de los docentes y la valoración de las posibilidades de las TIC, pero también a los proyectos y a la visión del profesorado, a las necesidades pedagógicas, al perfil de los estudiantes y a los rasgos del contexto institucional y (e) Entre las ayudas para el desarrollo de las CDD destacan la motivación y el estilo de aprendizaje individuales de los docentes, mientras que entre las dificultades el estudio develó la dimensión institucional de los apoyos para el profesorado y de los recursos digitales disponibles, coincidiendo con otros autores que resaltan la importancia del respaldo institucional a través del soporte, acompañamiento, de políticas para el uso de TIC e impulso al desarrollo profesional de los profesores. Por otra parte, encontraron que áreas de la CDD como la investigación, la gestión educativa y la innovación ciudadana tuvieron poca presencia en los relatos del profesorado, lo que puede ser un buen escenario para la investigación.

Con respecto a las competencias del docente, su nuevo perfil también requiere diseñar, implantar y evaluar procesos de aprendizaje que atiendan a las características particulares del aprendizaje en red, a los diferentes ritmos e intereses de los participantes y a las bondades que para ello brindan las tecnologías. En tal sentido, ni se trata de "atiborrar" al participante de múltiples tareas para que demuestre que aprendió porque el docente desea experimentar (algunas veces por snobismo) con el uso de nuevas herramientas tecnológicas ni se trata de dejar todas las actividades bajo la coordinación de los estudiantes recurriendo a una limitada interpretación de la construcción de saberes al propio ritmo, la construcción con pares o el aprendizaje colaborativo; en todo caso, los nuevos roles hacen énfasis en el acompañamiento en el proceso de aprender y reconocen la modalidad semipresencial o blended learning como la más adecuada, por lo tanto las competencias didácticas deben orientar también hacia estrategias evaluativas acordes con el aprendizaje en red.

En consecuencia, suscribo el planteamiento de Castells (2001), se puede invertir en tecnología, conectarse a la red, formar a los docentes, cambiar la estructura de aulas y centros, pero si no se cambia la reflexión pedagógica la exclusión continuará siendo una tarea pendiente, por lo que se precisa una nueva pedagogía, basada en la interactividad, la personalización y el desarrollo de la capacidad de aprender y pensar de manera autónoma. Todo esto invita a formularse nuevas inquietudes para la indagación.

Preguntas de investigación

- ¿Poseen los docentes las competencias necesarias para la implementación de procesos de aprendizaje apoyados en el uso de las TIC?, ¿En qué ámbitos específicos requieren desarrollar competencias los docentes en formación y/o ejercicio?, ¿Cómo se insertan las TIC en el proyecto pedagógico?, ¿En qué teorías o enfoques sobre el aprendizaje se apoya el aprendizaje en la red?, ¿El conectivismo posee argumentos suficientes para explicar el aprendizaje en la red?

- ¿Los programas de capacitación en TIC para docentes responden a los requerimientos establecidos en las normas UNESCO y/o las recomendaciones de la Unión Europea o la CEPAL en el caso de América Latina y el Caribe?; ¿Qué aspectos afectivos, motivacionales, cognitivos, éticos y actuacionales prevalecen en los procesos formativos mediados por las TIC?

- ¿Qué aspectos del contexto son más valorados por el docente para emprender procesos formativos mediados por las TIC?

- ¿Como aprenden los individuos aislados y en la red, que dimensiones conviene estudiar en este proceso?, ¿Qué estrategias emplean docentes y estudiantes para la e-inclusión en comunidades con accesos limitados a Internet y recursos tecnológicos tanto en la escuela como en el hogar?, ¿Qué estrategias emplean los docentes para afrontar y superar la incertidumbre ante la aplicación de las TIC en procesos de aprendizaje y gestión?

- ¿Qué indicadores podemos considerar para evaluar proyectos de mediación con tecnologías, usos de plataformas educativas, contenidos digitales y/o proyectos pedagógicos que incorporan las TIC y competencias en TIC?

- ¿Qué experiencias reportan los docentes, estudiantes y familias con respecto al uso de las TIC en tiempos de confinamiento: para el aprendizaje, la comunicación, la interacción, el ocio y el acompañamiento en el desarrollo de actividades y/o tareas escolares?, ¿Cuál es la actitud de los directivos, docentes, estudiantes, comunidades y familias hacia el uso de las TIC?

- ¿Cómo evalúan los directivos, docentes, estudiantes y familias la experiencia de aprendizaje en tiempos de confinamiento?, ¿Desde las voces de los diversos actores, que aspectos pueden configurar una visión de mejora académica y de los procesos de gestión a partir de la experiencia de aprendizaje vivida durante el confinamiento y con miras a lograr una mejor adaptación en tiempos de emergencia?

- ¿Qué dimensiones e indicadores pueden construirse para evaluar la CDD en contextos particulares de actuación?, ¿Cuáles son las estrategias, técnicas e instrumentos más adecuados para evaluar el aprendizaje en entornos virtuales, en atención a las características de los contenidos y el nivel educativo de los estudiantes?

- ¿Qué grado de importancia (o qué significado) se le atribuye a las TIC en el proceso de aprender a aprender y a lo largo de la vida?

CAPÍTULO IV

LAS TIC Y LOS PROCESOS DE PENSAMIENTO DEL PROFESOR

La educación de los niños y adolescentes del siglo XXI
merece más dedicación, más creatividad y profesionalidad.
Menos añoranza y espera. Más esperanza e ilusión. Convertir
la era de la información en una sociedad del conocimiento,
de la comunicación, del diálogo, de la sabiduría,
es un reto fundamental en el que todos
- no sólo como profesores sino como adultos y ciudadanos -
debemos sentirnos implicados.

Bazarra, Casanova y García Ugarte

Las TIC constituyen un factor relevante en los cambios experimentados en distintos ámbitos de la sociedad, las posibilidades de comunicarse e interactuar han superado las barreras del mundo de los negocios, la medicina, la ingeniería, las artes y por supuesto la educación. A partir del IDI que reporta la UIT para la mayoría de países y regiones del mundo se confirma un incremento en el acceso a estas tecnologías, sin embargo su uso no se ha masificado y aún persisten prácticas excluyentes para algunos sectores de la sociedad, a pesar de reconocer que existen beneficios y ventajas importantes para su aplicación en el campo educativo, pues ya el dónde y el cómo se aprende ha incorporado paulatinamente cambios significativos en los roles de docentes y alumnos, conduciendo a un proceso más centrado en el aprendizaje interactivo que en la enseñanza, para ello han sido fundamentales bondades de éstas tecnologías como la deslocalización geográfica, la asincronía y la flexibilidad para el aprendizaje al propio ritmo.

La temática sobre el aprovechamiento educativo de las TIC ha sido preocupación de la UNESCO en distintos encuentros internacionales y expresada en numerosos documentos. En tal sentido, la UNESCO (2004), señala "...las instituciones de formación docente deberán optar entre asumir un papel de liderazgo en la transformación de la educación, o bien quedar rezagadas en el camino del incesante cambio tecnológico". (p. 17) Así mismo, agrega que para lograr un mayor aprovechamiento de las TIC en el proceso de enseñanza y aprendizaje, es fundamental que tanto los docentes en formación como los que se encuentran en ejercicio sepan utilizar estas herramientas. Esto implica que las instituciones formadoras de docentes se interesen en la formación para y con las TIC, de manera que se responda a nuevos métodos pedagógicos y nuevas alternativas y herramientas de aprendizaje.

A pesar de sus bondades, las tecnologías no son elementos neutros, producen nuevos conceptos, creencias, valores y comportamientos que conducen a diversas posturas sobre la realidad, lo que impone la necesidad de analizarlas, por lo que el papel del docente debe pasar de observador pasivo a emprendedor crítico y reflexivo, de igual manera, es ineludible repensar el papel del estudiante y el pensamiento del profesor en el un contexto específico y en el marco del planteamiento curricular.

En relación con lo anterior, Pegenaute (2005), refiere que se espera un sistema centrado en la formación integral del estudiante donde el profesor tiene que hacer algo más que dar clase y pasar a fomentar el aprendizaje creativo permitiendo que el alumno piense de manera autónoma. Al asignar nuevos roles, la docencia sigue siendo prioritaria, pero la responsabilidad que ahora recae sobre el estudiante, como sujeto activo de los actos didácticos y formativos, le exige unos compromisos inaplazables. Podrá decidir, pero tendrá que cumplir con su esfuerzo los objetivos establecidos de común acuerdo con el profesor, podrá adaptarse pero no diluirse en el anonimato del grupo de clase. En este cambio de paradigma el papel del profesor será determinante, lo que implica el aprendizaje para un profundo cambio de actitud, de humildad intelectual y de servicio, de manera que pase de ser el protagonista del proceso de formación a tutor u orientador experto en formación y simultáneamente, especialista en una materia científica del currículum.

No obstante, es preciso tener presente que en la formación de un espíritu científico, el primer obstáculo es la experiencia básica, puesto que se le coloca por delante y por encima de la crítica, la cual sí es necesariamente un elemento que conforma el pensamiento científico. (Bachelard, 1974). Si bien es relevante la experiencia básica, también deben ser considerados los procesos de pensamiento, por cuanto éstos incluyen creencias, percepciones y concepciones que en algunos casos pueden constituir obstáculos para la construcción del pensamiento científico en general y el desarrollo de procesos educativos vehiculados por las TIC en particular.

La relación entre los procesos de pensamiento y su influencia en el pensamiento humano ha sido analizada desde la década de los 70 a partir de dos corrientes: el modelo de toma de decisiones y el modelo de procesamiento de la información. Además, han existido dos puntos de vista con diferente origen teórico, uno relacionado con la psicología cognitiva y otro con la teoría organizacional. Según

Ruiz Bolívar (2003), desde la perspectiva de la psicología cognitiva, se hace énfasis en la importancia de los procesos como condiciones internas en la explicación del comportamiento humano, en consecuencia, en el ámbito educativo se asume que la conducta del docente se encuentra influenciada y determinada por sus procesos de pensamiento.

El modelo creado por Clark y Peterson (citados por Ruiz Bolívar, ob. cit.), sostiene que existe relación entre los procesos de pensamiento del profesor (sus teorías, creencias, planificación antes y después de la instrucción, su pensamiento interactivo y toma de decisiones), con sus acciones docentes y sus efectos observables, es decir, sus conductas durante el desarrollo de las clases, la conducta del alumno durante la interacción didáctica y su rendimiento estudiantil. La relación entre estas variables: pensamiento-acción-resultados, no es lineal sino de causalidad mutua.

Desde la perspectiva de Clark y Yinger (1979), los procesos de pensamiento de los profesores no se producen en un vacío, sino que hacen referencia a un contexto psicológico (teorías implícitas, valores, creencias) y a un contexto ecológico (recursos, circunstancias externas, limitaciones administrativas).

Por su parte, Perafán (2002), señala que los supuestos básicos de la investigación sobre el pensamiento del profesor se han dado en tres sentidos: (1) El profesor es un individuo reflexivo, racional, que toma decisiones, expresa juicios, posee creencias y genera rutinas propias de su desarrollo profesional; (2) Los pensamientos del profesor influyen sustancialmente en su conducta e incluso la determinan mediando sus acciones, en consonancia con lo planteado por Clark y Peterson y (3) El reconocimiento de que tanto la reflexión del docente, como su pensamiento debe ser comprendido en dos dimensiones: una explícita, de relativo fácil acceso y otra implícita que requiere ser descubierta por métodos cualitativos.

El mismo autor acota, que bajo el enfoque cognitivo los investigadores han propuesto tres categorías básicas para comprender los procesos mentales que ocurren en los docentes: (1) pensamientos durante la planeación, (2) pensamiento durante la enseñanza interactiva y (3) creencias y teorías del profesor. Las dos primeras se encuentran divididas considerando como supuesto que la naturaleza del pensamiento del profesor se diferencia en función del tiempo según se desarrolle, antes o durante su interacción en el aula, es decir, se asume que los procesos mentales del profesor durante la planeación difieren cualitativamente de los que mantiene durante la enseñanza interactiva. En el caso de la enseñanza interactiva, con respecto al pensamiento del profesor, se considera lo que éstos piensan cuando interactúan con los estudiantes en el aula, en relación con esto existe un conjunto de teorías y creencias implícitas y explícitas que mediatizan la actividad cotidiana del profesor en el aula. Perafán (2005)

Con respecto a los pensamientos en la planificación (Clark y Peterson citados por Perafán, ob. cit.), los clasifican de dos modos diferentes: En primer lugar, piensan en ella como un conjunto de procesos psicológicos básicos por medio de los cuales una persona se representa el futuro, pasa revista a medios y fines y construye un marco o estructura que le sirva de guía en su actividad futura. (...) En segundo lugar, los investigadores definen la planificación como lo 'que hacen los docentes cuando dicen que están planificando'. Esto permite percibir la planeación como un proceso psicológico o como una actividad práctica.

Otra línea de investigación se centra en el conocimiento del profesor, según, Perafán (2005), este conocimiento es complejo no solo por saberes que integra sino por las fuentes desde donde emerge, tales como: "el saber académico, la práctica profesional de los saberes basados en la experiencia, el campo cultural institucional de las teorías implícitas y la historia de vida del docente de los guiones y rutinas". (p. 2).

Cabe destacar que en Colombia el Grupo Invaucol viene desarrollando un interesante trabajo sobre la estructuración de los conocimientos del profesor y han orientado su clasificación en saberes explícitos y tácitos, y los niveles racional y experiencial, los cuales representan un hallazgo importante, (Castañeda, 2015), sería interesante trabajar en esta línea y vincularla al conocimiento y uso de las TIC para abrir nuevos horizontes investigativos.

En cuanto al modo de hacer investigación en el paradigma sobre el pensamiento del profesor, De la Riva (2012), refiere que no se busca emitir leyes generalizables acerca de los fenómenos que estudia, los criterios de validez interna y externa se sustituyen por el de validez ecológica, las generalizaciones no funcionan como predictores de sucesos futuros, sino como guías para la comprensión de situaciones y contextos particulares, por lo que se asumen algunos principios de la metodología fenomenológica. Dentro del paradigma existe una multitud de enfoques, desde el 'reproductivo' hasta el 'constructivo, y sus variantes: cualitativo, etnográfico, reflexivo, fenomenológico, antropológico, naturalista e interpretativo. Desde esta perspectiva, los procesos del pensamiento no se convierten en los modelos a proponer para su imitación, sino en el punto de partida para la innovación educativa.

Como se desprende de la revisión teórica, los procesos de pensamiento del profesor constituyen un factor de relevancia para emprender cualquier cambio a nivel educativo y concretamente en el uso de tecnologías, para lo cual pueden constituirse en un obstáculo más que en una fortaleza. Otro aspecto importante son las actitudes del profesor ya que éstas pueden obrar a favor o en contra de la interacción con las TIC, al generarse dos polos opuestos, los que poseen actitudes positivas y están dispuestos a emplearlas y los que poseen actitudes negativas y en consecuencia demuestran una baja utilización de las mismas e incluso resistencia y "satanización" de las mismas para impulsar los cambios.

Ruder-Parkins y otros (citados por Rodríguez Mondéjar, 2001), revelan tres tipos de actitudes docentes que implican un mayor o menor grado de utilización de las innovaciones tecnológicas y que permite referirse a los profesores como: *innovadores*: aquellos que están decididos a asumir una línea en la cual se interesan profundamente por sus ideas; *resistentes*: que asumen un papel activo en el cuestionamiento de las actitudes y *líderes*: que son aquellos que asumen una posición de reflexión sobre los pros y contras de las innovaciones tecnológicas.

También es necesario resaltar otros elementos como las concepciones y creencias. Para Serrano (2010), algunos estudios consideran las creencias como componentes del conocimiento, conocimientos subjetivos, poco elaborados, generados a nivel particular por cada individuo para explicarse y justificar muchas de las decisiones y actuaciones personales y profesionales vividas. Las creencias no se fundamentan sobre la racionalidad, sino más bien sobre los sentimientos, las experiencias y la ausencia de conocimientos específicos del tema con el que se relacionan, lo que las hacen ser muy consistentes y duraderas para cada individuo. Asimismo, se consideran las concepciones como organizadores implícitos de los conceptos, de naturaleza esencialmente cognitiva y que incluyen creencias, significados, conceptos, proposiciones, reglas, imágenes mentales, preferencias, que influyen en lo que se percibe y en los procesos de razonamiento que se realizan.

Por otra parte, también conviene señalar que el pensamiento del profesor no se puede ver vinculado exclusivamente con la planificación y el trabajo de aula, se abre una línea de investigación importante, pues también interesa investigar cuales son los procesos que siguen los profesores para construir y reconstruir su realidad, conocer cómo van adquiriendo conocimiento práctico e indagar en sus creencias y teorías implícitas. De acuerdo con Marsellés (ob. cit.), en vista de que las investigaciones que se han venido desarrollando en torno al paradigma de pensamiento del profesor han estado influenciadas inicialmente por psicólogos cognitivos que consideraban que la unidad de análisis a estudiar era la clase y se ha entendido que tanto la planificación como la enseñanza de clase de un profesor son independientes del contexto que circunda a la escuela.

En tal sentido, también conviene reflexionar sobre el paradigma investigativo al abordar el estudio del pensamiento del profesor, aunque en los primeros capítulos he señalado que la selección del paradigma y el método de investigación es decisión del investigador -la cual respeto- en función del objeto de estudio y sus habilidades para orientarla en la práctica, es preciso atreverse a transitar por perspectivas indagatorias que propician nuevas miradas al campo de las TIC en el escenario educativo. Al respecto, Porras, López y Huerta (2005), proponen que cada profesional elabora por sí mismo un modelo representativo del mundo que le permite dibujar un esquema de conducta con relación a él. Concebir al profesor y en consecuencia a la enseñanza, de esta forma, supone alejarse de principios positivistas sobre el modo de hacer ciencia y representa una aproximación cualitativamente distinta, vinculada a la idea de que la realidad está constantemente en proceso de creación y recreación según es interpretada y renegociada por el observador.

En esta línea de investigación también las premisas metodológicas varían; como apunta Marcelo (1987), los criterios de validez interna y externa son reemplazados por el de validez ecológica, la cual toma en cuenta las condiciones ambientales y de vida (contextuales) donde se han producido los datos. Clarificando que los conocimientos que se produzcan a través de este paradigma de investigación actúan más como guías para la comprensión de situaciones y contextos particulares, que como predictores de futuros sucesos o generalizaciones extensibles a otros contextos. Desde esta perspectiva, la investigación sobre pensamiento del profesor asume también algunos principios de la metodología fenomenológica, en el sentido de indagar situaciones y problemas individuales, únicos y específicos que pasan por valorar el individuo, el grupo, la escuela y la comunidad, como parte del contexto en que el docente asume la toma de decisiones, además de sus valores, ideología, actitudes, concepciones y creencias.

Además, la realidad que vivimos también puede ser estudiada desde la óptica de la pedagogía crítica la cual implica la responsabilidad y participación activa de los profesores en la mejora de su práctica docente a través de la reflexión crítica y por consiguiente en la ampliación de su compromiso social. En consecuencia, para profundizar en esta temática; surgen algunas interrogantes direccionadoras.

Preguntas de investigación

- ¿Qué elementos ponen en evidencia el pensamiento del profesor con respecto a la implantación de las TIC en el proceso de enseñanza y aprendizaje?

- ¿Qué elementos implícitos y explícitos ponen en evidencia el conocimiento del profesor con respecto a la implantación de las TIC en el proceso de enseñanza y aprendizaje?

- ¿Cuáles son las actitudes que se identifican en la práctica docente con respecto al uso de las TIC en la academia y la gestión educativa?

- ¿Qué concepciones y creencias orientan la práctica docente con respecto al uso de las TIC en la academia y la gestión educativa?

- ¿Qué líneas temáticas y métodos de investigación orientan los estudios recientes en cuanto al pensamiento del profesor?

CAPÍTULO V

CULTURA Y LIDERAZGO PARA LA INTEGRACIÓN DE LAS TIC

La cibercultura, al tejer significados en una red
deliberadamente ficcional,
parece ampliar las posibilidades que el sujeto tiene a su alcance,
en términos de contenido y de significado,
... en el ciberespacio el sujeto se mueve en el ámbito
del relato deliberado,
enriqueciendo así la variedad de narrativas que se entretejen
en la construcción y el contenido de la identidad...

Gama (2019)

En el escenario educativo, el impacto de las TIC ha generado nuevas alternativas de formación y de gestión, apoyadas en sus posibilidades de asincronía, inmaterialidad, interconexión, inmediatez, deslocalización en tiempo y espacio, entre otros. A partir de sus bondades y usos se ha pasado de espacios presenciales y tradicionales de enseñanza y aprendizaje a espacios abiertos y flexibles mediante alternativas mixtas (blended learning) y virtuales (elearning), apoyadas tanto en la autogestión y la autonomía del estudiante como en la producción y uso de materiales didácticos y digitales, la conexión a Internet y el uso de plataformas de formación, así como en la acción tutorial del docente a partir de los usos pedagógicos de las TIC.

Progresivamente, se han tejido redes de investigadores, de docentes y centros, traspasando las barreras de la cotidianidad y la multiculturalidad para la construcción y divulgación de saberes. Así mismo, en el ámbito de la gestión, se emprenden acciones y estrategias corporativas para implantar alternativas de gobierno electrónico minimizando costos y tiempos de respuesta a partir de la virtualización de procesos.

No obstante, se hace imprescindible la reflexión y la acción en, desde y para el sector educativo con respecto al impacto de las herramientas tecnológicas en la comunicación, la formación, el comportamiento y la cultura de los miembros de la organización, puesto que a pesar de existir múltiples factores, la cultura organizacional, la cultura tecnológica y el liderazgo son fundamentales para apuntalar cambios y lograr un mejor aprovechamiento de las TIC.

Desde esta perspectiva, deben incorporarse, formarse e involucrarse todos los actores, de modo que exista una visión compartida por los miembros de la organización que parta desde el establecimiento de políticas y acciones a nivel gerencial, la inversión en infraestructura y conexión a la red, un uso adecuado de las TIC, el desarrollo de procesos efectivos de formación y/o actualización, comunicación, liderazgo, participación y toma de decisiones para el nuevo entorno.

Como lo señala Echeverría (2000), el nuevo espacio social en que se producen las interrelaciones, denominado tercer entorno, tiene una estructura propia, a la que es necesario adaptarse. Según el autor:

El espacio telemático, cuyo mejor exponente actual es la

red Internet, no es presencial, sino representacional, no es proximal, sino distal, no es sincrónico, sino multicrónico, y no se basa en recintos espaciales con interior, frontera y exterior, sino que depende de redes electrónicas cuyos nodos de interacción pueden estar diseminados por diversos países. De estas y otras propiedades se derivan cambios importantes para las interrelaciones entre los seres humanos y en particular para los procesos educativos.

Dada la responsabilidad que tenemos de responder a este nuevo entorno, no basta con que una parte de la organización desarrolle competencias e incorpore las TIC en algunos procesos, se requiere consolidar una cultura tecnológica que arrope las tecnologías, las haga parte de su quehacer diario, se actualice e investigue con ellas y las asuma, junto al conocimiento como pilares para su permanencia, actualización y/o competitividad. Quienes hasta ahora se oponen a la incorporación de las TIC simplemente quedarán al margen de muchos de sus beneficios y si se desempeñan como docentes o gerentes educativos serán a la par, un obstáculo para el crecimiento de la organización y para el logro de estudiantes y egresados con los perfiles profesionales que el mercado y la sociedad del conocimiento demandan.

Por eso resulta impostergable volver la mirada a la cultura pues aunque el debate entre ésta y la tecnología ha prevalecido a través de la historia, el conocimiento acumulado en las diferentes áreas del saber y fundamentalmente en el tecnológico ha permitido ver los cambios en la vida de las personas a partir de los inventos e innovaciones que se han generado a través de los siglos como el surgimiento y la evolución de las máquinas de vapor, la imprenta, el ferrocarril, la siderurgia, el transporte, el telégrafo, entre otros y hacia el siglo XX con la electricidad, la tecnología nuclear y espacial, el crecimiento experimentado por la electrónica, la informática, las comunicaciones inalámbricas e Internet que han marcado el siglo XXI por un uso intensivo y exponencial de las TIC mediante el desarrollo de nuevos dispositivos, aplicaciones, el crecimiento de la nano y la biotecnología, el comercio electrónico, la virtualización de procesos, la enseñanza y el aprendizaje online; además del surgimiento de tecnología de punta para otras áreas de la economía, la medicina, la industria, el transporte, entre otros.

Esta realidad conduce a pensar que también el concepto de cultura debe evolucionar, como señala Orellana (2007)

> El concepto de cultura ha evolucionado progresivamente de designar labores agrícolas a denominar a todas aquellas actividades relacionadas con el ocio y la diversión, principalmente manifestaciones artísticas. Su evolución, sin embargo, no ha terminado. Las discusiones sobre la brecha entre 'cultura' y ciencia han llevado a varios autores a eliminar esta sima y a englobar dentro de la cultura a toda aquella información transmitida por aprendizaje social, incluido, por lo tanto, el conocimiento científico-técnico. (p.97)

En el marco de esta evolución, nacen nuevas inquietudes para los investigadores del campo educativo, pues se confirma que también el estudio de la cultura de la organización y su cultura tecnológica requieren ser comprendidas en su devenir histórico y valorarlas como un eje fundamental para el logro de transformaciones e innovaciones, ya que los hallazgos muestran que la cultura organizacional es particular, se nutre de las formas en que interactúan sus miembros y que en esas interacciones llevan consigo un bagaje de elementos que le son propios. Como acota Bolívar (citado por Pérez Ferra, ob. cit.), la cultura organizativa de la escuela es al mismo tiempo, la mayor barrera para el cambio y también el mejor puente para su mejora. En tal sentido, planteo una serie de antecedentes y reflexiones sobre lo que ha sido la cultura organizacional y concretamente la tecnológica.

La cultura organizacional como referente para la incorporación de las TIC

La cultura según Hughes (2007) se refiere a "aquellos comportamientos aprendidos donde se caracteriza la forma de vida total de los miembros dentro de una sociedad determinada". (p151), por lo tanto, las culturas difieren entre sí, tal como los individuos difieren unos de otros; lo más resaltante lo enfatiza al señalar "la masa de la cultura no es tan visible como la mayor parte del iceberg que está bajo el agua"; por eso resalta la importancia de ver nuestra cultura a través de los ojos de otros o ver otras culturas sin ojos sesgados por nuestros propios filtros, para ser más objetivos al analizar la propia.

En el caso de las tecnologías, Schein (1998), señala que la introducción de cualquier tecnología nueva en una profesión, empresa o sociedad, puede ser apreciada como un problema de cambio cultural, pues las profesiones corrientemente forman sus métodos, valores y su propia imagen básica en torno a la tecnología que le es inherente. En este sentido, "…si la tecnología sufre una transformación sustancial, la empresa o profesión no deberán tan sólo aprender nuevos métodos, sino redefinirse a sí mismas atendiendo a premisas más esenciales y que impliquen presunciones culturales de fondo" (p.52).

Así mismo, agrega que "…si la tecnología ha de triunfar, los que la defiendan deben reconocer como observadores que la oposición que encuentra no es por la tecnología en cuanto tal, sino por las consecuencias de cambio cultural que se derivan de su introducción". (p.53). Por lo que en muchos casos la introducción de tecnología en sí misma no constituye un obstáculo en la organización y el desempeño de sus actores, sino las consecuencias de cambio cultural que se generan a partir de su introducción.

Un marco para entender las diferencias culturales lo establece Hofstede (en Hughes, ob. cit.), quien describió cuatro dimensiones de valores y creencias culturales: individualismo versus colectivismo, masculinidad versus feminidad, tolerancia versus intolerancia de la incertidumbre y distancia del poder versus igualación de poder. Mientras que Wilson, Hoppe y Sayles (citado por Hughes, ob. cit.), desarrollaron un marco conceptual para analizar diferencias culturales basadas en siete dilemas fundamentales que son: (1) fuente de identidad: individual-colectiva; (2) metas y medios de logro: duro-tierno; (3) orientación a la autoridad: igual-desigual; (4) Respuesta a la ambigüedad: Dinámica-estable; (5) medios de adquisición del conocimiento: activos-de reflexión (6) perspectiva en el tiempo: escasa-abundante y (7) perspectiva de la vida: hacer-ser.

Estos son elementos que pueden configurar una cultura determinada y que van más allá de comprobar su existencia o no, sinó también para considerar el grado en que se manifiestan, pues en algunos casos al valorar su autoconcepto, normas, hábitos, desarrollo de roles, creencias, valores, entre otros, podemos configurar una cultura de la organización en particular y prever su influencia al abordar procesos mediados por las TIC.

En consecuencia, la cultura no puede concebirse como un producto acabado, por el contrario, la asumimos como una construcción social y representacional simbólica que se recrea, reacomoda continuamente y conlleva por lo tanto, un proceso de construcción infinita, que se delimita en aquello que los grupos sociales deciden preservar o cambiar.

Es por ello, que cuando estudiamos la cultura en grupos sociales específicos, buscamos aproximarnos a la comprensión de su accionar humano, pues la cultura se pone de manifiesto a través de las prácticas cotidianas y extraordinarias, manifestada en las diversas dimensiones cognitivas, institucionales, ritualistas y de patrones comportamentales, tanto individuales como colectivos. En la que además entra como variable la cultura tecnológica y que estará vinculada con la tradición en las organizaciones, en cuanto al proceso de aprendizaje y asimilación de la tecnología que está asociada al uso de herramientas y su aplicación en contextos específicos. También tiene que ver con un proceso de orden cultural, social y psicológico; donde ocurren cambios en el comportamiento humano y que a veces no son tangibles como las actitudes, los valores y las ideas. Bravo y Pérez (2008)

Aunque la cultura organizacional ha sido más estudiada a nivel empresarial existen algunos aspectos que pudieran extrapolarse a la cultura de organizaciones educativas y salvando las distancias que sus fines implican, valorar algunos aportes. Para Nuño (2018), la cultura organizacional es el modo en que toda empresa se organiza de manera interna, debiendo todos los equipos de trabajo que la componen adaptarse a ella para encajar e implicarse debidamente en su misión y visión. Está conformada por toda una serie de valores, hábitos, creencias y comportamientos que son aceptados dentro de la empresa y que se adoptan con el tiempo por parte de los trabajadores, no es algo que se deba o se pueda imponer rápidamente, forma parte del proceso natural de su crecimiento y desarrollo, por lo que el factor tiempo es inseparable de la conformación de esta cultura.

Al respecto, el autor detalla 6 aspectos que caracterizan la cultura de la organización: (1) La cultura se aprende con el tiempo, al entrar nuevas personas a una empresa van aprendiendo detalles positivos y negativos de su funcionamiento. (2) Interacción, la cultura organizacional se aprende gracias a la interacción con otros, por tanto, no depende de una actitud individualizada. (3) Recompensas, la cultura organizacional está estrechamente relacionada con el sistema de incentivos para los trabajadores y de los cuales son conscientes. (4) La cultura de la organización se caracteriza por las personas que la componen. (5) Es Difícil de cambiar, al estar formada por valores, creencias y comportamientos, que se manifiestan en la actuación, interacción y forma de ser, los cambios de cultura no son inmediatos y (6) es Distintiva, no existen dos culturas empresariales iguales, por lo que la cultura organizacional supone el sello de identidad de una empresa, se compone de toda una serie de reglas no escritas, códigos de conducta y comportamiento de las personas que en ella trabajan, lo que además determina conductas a nivel interno y débil externo de la organización.

También es importante reconocer si la cultura organizacional es o fuerte. En opinión de Ríos Reyes (1999), una cultura fuerte sería la ideal para una organización y para propiciar los cambios, aunque se ha dicho que los cambios no suelen ser inmediatos por los factores que concurren en la cultura, cuando se determine que es débil deben emprenderse estrategias de cambio. En este sentido, compara algunos elementos que permiten discriminar estos tipos de cultura, los mismos se observan en la tabla 1.

Tabla 1
Características de la cultura

Características	Débil	Fuerte
Autonomía Individual	Supervisión estrecha. El personal tiene poca libertad en su trabajo.	Supervisión general. El personal tiene libertad de resolver los problemas de su cargo.
Estructura	Puesto de trabajo standarizado. Reglas y procedimientos formalizados.	Puestos de trabajo flexibles. Reglas y procedimientos no formalizados.
Apoyo	La gerencia centra su atención en la producción y escaso interés por el personal.	La gerencia muestra gran interés, ayuda y afabilidad por el personal.
Recompensa y desempeño	Se aprecia y premia la fidelidad, el esfuerzo, la cooperación. Se desconocen los niveles productivos del personal.	Las compensaciones y ascensos que se otorgan al personal están basados en su nivel de productividad.
Tolerancia al conflicto	La gerencia mantiene un nivel mínimo de conflicto constructivo, debido a la presencia de conflictos disfuncionales o destructivos.	La gerencia aumenta intencionalmente la intensidad del conflicto funcional o constructivo, para que siga siendo viable, autocrítico y creativo.
Tolerancia al riesgo	Baja propensión al riesgo. No se estimula al trabajador a ser innovador.	Elevada propensión al riesgo. Se alienta y utiliza el talento creativo e innovador del personal.

Nota: Tomado de Ríos Reyes (1999)

Con el propósito de resaltar el deber ser de una cultura organizacional de éxito (fuerte), el autor sugiere que posee las siguientes características: (a) Orientación a la acción, todas las acciones que se realicen deben ser dinámicas y con procesos de atención ordenados; (b) Orientación a la satisfacción del cliente tanto externos como internos; (c) Productividad a través de su gente; (d) Compromiso con valores positivos, como: honradez, responsabilidad, puntualidad en la atención, sencillez y capacidad de diálogo; (e) Conocimiento de sus fortalezas y debilidades. Además de rigidez y flexibilidad, de acuerdo con la dinámica del cambio y sus circunstancias.

Aunque algunos autores hacen referencia a la cultura en organizaciones empresariales algunos aspectos podemos extrapolarlos al sector educativo. En este ámbito, como señalan Murillo y Muñoz-Repiso (2002), los tipos de cultura que más apuntalan las esferas de la mejora escolar parecen ser aquellas que son colaborativas, tienen altas expectativas para estudiantes y docentes, muestran un consenso en los valores (o una habilidad para trabajar eficazmente con diferencias), se apoyan en un entorno ordenado, seguro y estimulan a los docentes a asumir una variedad de roles de liderazgo. De allí que si deseamos dirigir y desempeñarnos en organizaciones exitosas e impulsar proyectos de cambio, uno de los elementos a considerar debe ser su cultura, pues ésta permite tener una visión propia de la organización y sus miembros, sus creencias, valores y particularidades para emprender acciones consensuadas y contextualizadas que permitan visualizar sus probabilidades de éxito.

Por su parte Palomo, Ruiz y Sánchez (2005) acotan que la cultura se transmite en costumbres, normas escritas y no escritas, creencias, estilo educativo, relaciones y que en el ámbito educativo debemos tener en cuenta que es dinámica y está en continua evolución en aquellos centros que no se vuelven estáticos, pues de no ser así se puede caer en el hermetismo al considerar que las cosas funcionan de manera excelente. En su opinión, los centros que deseen transformarse positivamente deben reconocer que anclarse en el inmovilismo no le va a suponer ninguna mejora en la práctica cotidiana, por lo cual, los cambios han de ser asumidos por los miembros de la organización para que lleguen a buen fin y han de implicar necesariamente cambios culturales.

Aunque es evidente que los cambios en el sector educativo no avanzan a la misma velocidad que en el sector empresarial en materia de tecnología, el estudio de la organización para la integración de las TIC en educación se ha convertido en una corriente investigativa y se centra en estudiar tanto la gestión como las condiciones que soportan el uso de las TIC para la enseñanza y el aprendizaje. En esta línea de investigación una de las temáticas en desarrollo se sitúa a nivel organizacional y específicamente en la planificación de las políticas TIC, pues la literatura reporta que cuando los miembros de la organización comparten actitudes favorables para la integración de las TIC, siguen un plan estratégico y políticas tanto nacionales como institucionales se incrementan las probabilidades de éxito. (Vanderlinde y Van-Braak, 2010).

También conviene reconocer que en algunas organizaciones y/o centros que iniciaron su trabajo como tradicionales ha sido más lento instaurar los cambios ya que la propia tecnología genera incertidumbre con respecto a su utilización, por lo tanto, su incorporación debe estar acompañada de procesos de formación y apoyo permanente, así como por un liderazgo que permita poner en evidencia las consecuencias individuales y colectivas de no intervenir en el cambio.

Como señala Fullan (citado por Hernández y Sancho, 2004), los reformadores olvidaron que las soluciones 'racionales' a los problemas fracasan porque ignoran la cultura de los centros. En consecuencia, el cambio vinculado a una reforma siempre fracasará si no encontramos un modo de crear infraestructuras y procesos que involucren al profesorado en el desarrollo de nuevas concepciones, ya que el cambio real implica cambios en las concepciones y en el comportamiento de los actores; lo cual explica porque es tan difícil de lograr. "De allí que sean los cambios en las creencias, la comprensión de lo que se pretende implantar y un mínimo convencimiento de que vale la pena el esfuerzo para mejorar las condiciones previas para lograr una reforma o una innovación duradera". (p. 137)

Más recientemente, Arroyo y Jubany (2019) refieren que estamos en un momento crucial para el presente y el futuro de nuestra vida individual y colectiva, por lo que debemos tomar conciencia de cómo los avances tecnológicos nos afectan en ámbitos tan dispares como la política, la salud, la economía, la educación o nuestros derechos y esos generan la oportunidad de diseñar una nueva cultura digital para desarrollar una sociedad mejor, en este escenario apuntan que "necesitamos dibujar un nuevo mapa para interpretar el mundo que nos permita tejer un nuevo consenso social,… reflexionar, compartir y conectar personas y entidades para actuar desde un posicionamiento ético, reflexivo e informado".

Una aproximación a la cultura tecnológica

En sentido amplio, la cultura tecnológica es un componente de la cultura general y representa un factor esencial para el desarrollo tecnológico de un país, pues una sociedad con una amplia cultura tecnológica y donde predominen las actitudes positivas hacia la técnica, estará en mejores condiciones para incorporar y producir innovaciones tecnológicas y obtener el mayor provecho de las mismas. (Quintanilla, 1997). Además, esta cultura brinda una visión integradora de todas las modalidades de la conducta humana, superando la tradicional dicotomía de lo manual y lo intelectual; más en nuestra sociedad donde la mayoría de los procesos de interacción y comunicación social están siendo mediatizados progresivamente por la tecnología. Bravo y Pérez de Maldonado (2008).

La cultura tecnológica ha pasado a ser un componente importante de la cultura organizacional y es entendida como el conjunto de significados, valores, conocimientos, habilidades, creencias y actitudes que incorporan y comparten los miembros de la organización en todos los procesos que marcan su accionar a lo interno de la organización y su impacto en la sociedad y en los cuales hacen uso de las tecnologías para interactuar, comunicarse, buscar información, conectarse y navegar por redes y emprender acciones propias de su campo de actuación.

Por consiguiente, conviene profundizar en su estudio a lo interior de las organizaciones y muy especialmente en las educativas, de modo que se fomente una cultura tecnológica que favorezca la incorporación de las TIC en armonía con la cultura de la organización y los elementos que la conforman (valores, creencias, prejuicios, costumbres, hábitos, entre otros), para dar direccionalidad a la propuesta o plan de integración de las TIC de manera coherente, consensuada y contextualizada. Para Egurza (2004), por cultura tecnológica se entiende un amplio espectro que abarca teoría y práctica, conocimientos y habilidades. Por un lado, se encuentran los conocimientos teóricos y prácticos relacionados con el espacio construido en el que el hombre desarrolla sus actividades y con los objetos que forman parte del mismo y por el otro, las habilidades, el saber hacer, la actitud creativa y positiva que posibilita no ser espectadores pasivos en el mundo tecnológico.

Desde el punto de vista investigativo, al abordar el estudio de la cultura tecnológica debemos ver como confluyen ambos conceptos más que valorarlos como fenómenos distintos o aislados. Podemos valorar la cultura tecnológica desde la perspectiva epistemólogica que establece el debate cultura vs tecnología, o viceversa, pero también desde las perspectivas descriptiva y normativa, que subyacen en las instituciones y permiten comprender su adaptación como instituciones que aprenden, mejoran y fomentan el cambio para adecuarse y/o transformarse según las exigencias del entorno.

Al respecto, Carvajal (2011), expresa que la idea de crear, elaborar o desarrollar una cultura tecnológica pretende crear unas condiciones positivas para asimilar, adoptar y usar tecnologías y crearlas; a la vez que facilita el desarrollo de capacidades tecnológicas, máxime si se persigue un tipo de desarrollo en el que el componente tecnológico desempeña un rol importante y por lo cual se requiere compatibilizar los valores tradicionales de la cultura y los valores de la tecnología. En opinión del autor, desde una perspectiva descriptiva se supone que la comprensión de la cultura tecnológica permita admitir debilidades y fortalezas a lo interno de la organización, que una vez comprendidas puedan favorecer los procesos de incorporación y uso de las tecnologías en los diferentes espacios, procedimientos y funciones de sus miembros. Mientras que desde una perspectiva normativa o prescriptiva, señala que la cultura tecnológica puede vérsela como un concepto normativo en tanto que promovería una actitud positiva hacia la tecnología y reconoce que dicha noción indica cuáles podrían ser los componentes sobre los que habría que actuar para desarrollar esta actitud favorable, que a su modo de ver radica en que los ciudadanos pertenecientes a una cultura entiendan el impacto social, político y cultural de la tecnología, asimilen sus características y las operaciones de las tecnologías.

Por lo tanto, esta cultura implica aplicar las tecnologías de forma adecuada, lo que se ha denominado un nuevo alfabetismo, reconociendo que todos los ciudadanos no requieren conocer y utilizar todas las tecnologías, pero si poseer conocimientos básicos para su uso cotidiano y a partir de éste, avanzar hacia otras competencias intermedias o específicas según su ámbito de desempeño, que se reconozcan los beneficios que reportan en todos los sectores y que se fomente una integración en las diversas actividades profesionales y personales para superar la visión parcelada de su conocimiento y uso.

Adicionalmente, en lo que respecta a los cambios tecnológicos, no debemos perder de vista que hacia el escenario educativo, el aspecto pedagógico es fundamental, pues las TIC deben incorporarse como un elemento más del currículo, en congruencia con el modelo pedagógico, los fundamentos curriculares, las políticas institucionales (docencia, investigación y extensión, si aplica) y teniendo en cuenta los aspectos históricos, culturales y organizacionales que pueden favorecer u obstaculizar procesos de implantación y mediación tecnológica.

En el mismo orden de ideas, González y de Pablos (2015), apuntan que aun cuando son evidentes la inversión tecnológica y la formación de los docentes en los últimos años por parte de las administraciones educativas, la realidad es que la innovación educativa apoyada en las TIC no siempre transforma la educación, señalan factores de la cultura organizacional como los más relevantes y agregan que los esfuerzos aislados realizados por los docentes sin apoyo de estrategias y políticas institucionales no generan un verdadero cambio en los procesos formativos y en la creación de escenarios innovadores para desarrollar habilidades y competencias en los estudiantes. Es necesario que los directivos institucionales organicen un plan de acción para orientar y unificar criterios en torno al uso de las TIC, tengan un papel protagónico activo y asuman una postura organizacional en torno a ellas (Zuleta Orrego, 2015). Además, es necesario que el equipo directivo posea una visión global de lo que se necesita para la gestión escolar integral (Álvarez, Torres y Chaparro, 2016).

De allí que, al margen de las posturas extremas que ya hemos comentado (tecnofóbicas o tecnofílicas) que puedan existir con respecto al uso de las tecnologías tanto en los procesos académicos como de gestión en la organización, deben buscarse puntos de equilibrio que permitan que su introducción no se convierta en un conflicto para los miembros de la organización, ya que debemos pensar que su incorporación no sólo debe darse en las situaciones de enseñanza y aprendizaje (planificación, ejecución, estrategias didácticas y evaluativas), donde más que enseñar con ellas debemos ayudar a aprender, por lo cual deben incorporarse como soporte en el resto de las actividades y procesos de la gestión educativa y en atención tanto a las características de los estudiantes como de la modalidad de estudios y el nivel educativo. En consecuencia, la importancia atribuida a este elemento refuerza la necesidad de mantener una visión de conjunto para la incorporación de las TIC en el ámbito educativo, por lo que debemos partir del análisis de la cultura de la organización y de su cultura tecnológica, para aproximarnos a un escenario cónsono con la realidad que vivimos.

Comprender la cultura tecnológica de una institución es una oportunidad para ingresar a sus detalles, conocer sus actores (autoridades, profesores, egresados, estudiantes y personal administrativo) y de primera mano sus voces, interacciones y testimonios, "convivir" con ellos y observar su saber y hacer con tecnología es un proceso que se puede desarrollar desde varios métodos y enfoques, pero vivirlo desde la etnografía, como método esencial del conocimiento de la cultura, es una experiencia enriquecedora, la cual detallaré como caso práctico en otra publicación. Para ejemplificar un caso de studio, a continuación muestro la construcción que emergió de este proceso en el Instituto Pedagógico de Barquisimeto, el cual forma parte de la UPEL, la universidad formadora de docentes en Venezuela.

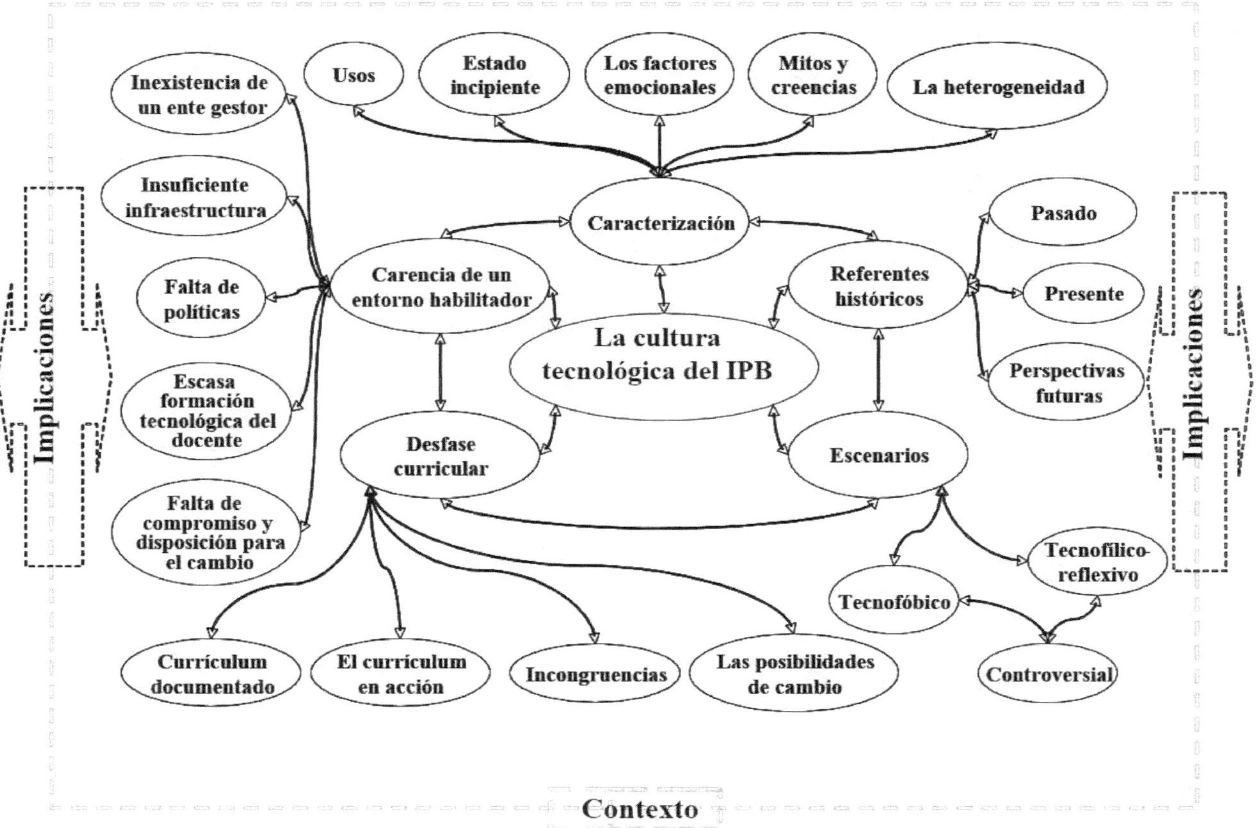

Gráfico 10. La cultura tecnológica en el IPB, en Bravo (2006).

Los referentes históricos y el contexto como componentes de la cultura tecnológica

El conocimiento de los referentes históricos institucionales y el contexto resulta significativo para comprender la cultura tecnológica de una organización, ya que una cultura se manifiesta a través del conocimiento acumulado históricamente en su desarrollo como organización, por eso para comprender la evolución en el tiempo de la cultura de la organización y fundamentalmente en su proceso de incorporación de las tecnologías, desde las tradicionales que se remontan a tres o cuatro décadas atrás, hasta los esfuerzos que se han ido realizando posteriormente y que permiten valorar el estado actual de las TIC en determinada institución educativa independientemente del nivel a que pertenezca, debemos volver la mirada a los referentes históricos y como fue en su momento la incorporación de determinadas tecnologías, los aspectos que han rodeado su implantación y por ende, conducido a mantener una cultura tecnológica particular. Aspecto que en organizaciones que nacieron en los primeros años del siglo XXI serán muy diferentes por tratarse de organizaciones que surgieron a la par de las TIC.

En torno al referente histórico como aspecto importante de la vida institucional, Giroux (1990), indica que desde este punto de vista no importa la cronología, sino la comprensión de como determinadas prácticas educativas pueden ser entendidas como construcciones históricas relacionadas con acontecimientos económicos, sociales y políticos en un espacio y tiempo específicos, que además ponen de manifiesto la naturaleza específicamente social e histórica de la enseñanza, lo que proporciona elementos para el pensamiento y la acción crítica.

En el mismo orden de ideas, Owen, Barajas y Kikis (2003), señalan que cuando nos enfrentamos al cambio y a su gestión, es importante contar con una perspectiva amplia e histórica de los contextos a analizar, ya que cualquier sistema existente tiene sus propias formas de mediación, valores, reglas, costumbres y división del trabajo. Estas formas resultarán afectadas por cualquier transformación, pero a su vez las alteraciones generarán demandas en la dinámica existente.

Por su parte Pérez Ferra (2000), señala que no podemos hablar de innovación sin realizar una revisión de la historia institucional para analizar los hechos que han marcado las biografías de los profesores, recuperar la memoria institucional, así como identificar los momentos críticos por los que ha pasado, pues considerar tales realidades permitirá delimitar claves de evolución, dirección e intensidad de los cambios, además, la cultura organizativa de la escuela es al mismo tiempo, la mayor barrera para el cambio y también el mejor puente para su mejora. (Bolívar, en Pérez Ferra, ob. cit.).

Y es que implantar procesos mediados por tecnología, es un hecho complejo en instituciones de enseñanza tradicional, por cuanto, además de los aspectos organizativos y de logística, se plantean aspectos de orden metodológico y pedagógico que según Barajas (2003), deben ser considerados por estar profundamente enraizados en la vida institucional, la experiencia y la tradición, así como en la identidad profesional de los docentes, factores que pertenecen a ciertas culturas profesionales.

Para el autor, las tecnologías están introduciendo cambios en los procesos de aprendizaje y las actitudes de las nuevas generaciones, lo aceptemos o no, se observa una batalla perdida entre dos actitudes generacionales: lo nuevo frente a lo viejo, el espacio ilimitado frente al entorno cerrado, la libertad frente a la disciplina rígida, el enfoque aleatorio frente al pensamiento estructurado, la exploración creativa frente al estudio de un objetivo fijo, lo que supone la evolución del paradigma de aprendizaje convencional para adaptarnos a las nuevas demandas del entorno y de la realidad de los estudiantes.

Así mismo, conviene analizar el contexto en que se plantean los cambios relacionados con las TIC. Para Candia (2018) la introducción de las TIC en la docencia supone considerar aspectos que hacen referencia a las características tanto individuales como colectivas de los posibles usuarios, pues se ha de integrar, bien sea desde el punto de vista geográfico (la distribución de la población, las condiciones sociolaborales en las que se desenvuelven los estudiantes), pedagógico (concepciones y creencias, nuevos roles de profesor y alumno, variedad de medios de aprendizaje, cambios en las estrategias didácticas), tecnológico (disponibilidad tecnológica de la institución y de los usuarios) o institucional.

Por otra parte, señala como fundamental atender al contexto organizacional, ya que de él dependerán muchas de las posibilidades del funcionamiento de la innovación, pero también se ha de prestar atención al contexto específico del estudiante. Puesto que la integración de este tipo de programas contempla un triple contexto: (1) el *contexto socioafectivo* que el alumno encuentra en el entorno académico: el ambiente de clase, el rol que el docente desempeña dentro de este ámbito, la percepción del papel que el alumno desempeña; (2) el *Contexto de los otros elementos pedagógicos* que intervienen en el proceso global de enseñanza aprendizaje y (3) el *contexto de la vida* fuera del aula, donde no solo se encuentra la familia o el entorno social o ambiental, sino el entorno de la globalidad, la sociedad de consumo, nuevas comunicaciones e información.

Si analizamos cada institución con respecto a estos tres contextos, es probable que algunas instituciones no sean organizaciones fuertes en todos ellos, en consecuencia se puede recurrir a alianzas estratégicas con otras instituciones, a la conformación de equipos interdisciplinarios e interinstitucionales apoyadas en el uso de las redes, que abarquen aspectos de índole técnico, pedagógico, comunicativo, investigativo, entre otros, para generar acciones que garanticen la calidad de los procesos y permitan adaptarse a las exigencias del saber tecnológico.

Además, según acota (López, 2013), los procesos de aprendizaje organizativo en organizaciones que aprenden deben de cimentarse en cinco 'disciplinas' que aluden al dominio personal (capacidades técnicas y directivas de los individuos); a los modelos mentales (sistemas de razonamiento); a la elaboración de una visión compartida (liderazgo); a la relevancia del aprendizaje en equipo; y a la integración de todo el modelo mediante el desarrollo de un pensamiento sistémico. A su vez, estos procesos pueden ser de tipo adaptativo (carácter reactivo), generativo (carácter proactivo), integrado y compartido. Así las organizaciones aprenden y aprenden a aprender ante la necesidad de adaptación cambio e innovación.

De acuerdo con la experiencia y los trabajos revisados, es evidente que las TIC han generado cambios en todos los sectores y modificado las estructuras e infraestructuras de las organizaciones, los entornos y equipos de trabajo y en consecuencia se coincide en la necesidad de generar un nuevo modelo de liderazgo para adaptarse al espacio digital y a la sociedad del conocimiento pues el talento emerge como uno de los insumos relevantes para el éxito de las organizaciones, por lo que debe ser gestionado y valorado adecuada y armónicamente en función del logro de los objetivos pero con la máxima satisfacción y salud emocional del trabajador.

En este espacio, debemos volver la mirada a la cultura de la organización, su cultura tecnológica y el papel de los líderes para propiciar el cambio, pues siendo realistas, en el campo educativo hay múltiples factores que dificultan este liderazgo para la implantación de las TIC, entre ellos la resistencia al cambio, las creencias, el aislamiento de la coordinación, la necesidad de formación de los docentes, la falta de apoyo, recursos y tiempo, las debilidades de la infraestructura tecnológica y de inversión, los problemas técnicos o de clima laboral.

El liderazgo: elemento clave para la integración de las TIC en el contexto educativo

A través de los años, han surgido varias teorías sobre los estilos de liderazgo, lo que implica que su papel es trascendente en las organizaciones, sobre este aspecto mi intención no es proponer "la mejor", sino hacer un acercamiento a los rasgos que caracterizan cada estilo para que el investigador identifique cual existe existente en su organización y de ser necesario, profundice posteriormente en la que estime que mejor se adapta a la situación institucional, realice comparaciones entre organizaciones y estilos de liderazgo que prevalecen en ellas, considere algunos de los referentes teóricos presentados y en el tema que nos ocupa, pueda configurar una visión individual o colectiva del liderazgo para mediar y afianzar el desarrollo de una cultura tecnológica que propicie el cambio, influya favorablemente en el equipo, lo oriente hacia el logro de metas y objetivos compartidos, valore la integración de las TIC en los procesos que emprende la institución y los agentes sociales que hacen vida en ella, genere confianza y oriente asertivamente hacia resultados positivos y hacia la satisfacción de los miembros, con un aprovechamiento óptimo de los recursos y oportunidades internas y del entorno, en sinergia con los avances tecnológicos, la innovación y el impacto que requiere el contexto, esto bajo la premisa que en organizaciones que aprenden *el liderazgo se nutre de rasgos personales e innatos pero a su vez puede ser ejercitado y aprendido* frente a lo que enfatiza la teoría de rasgos (Stogdill, 1948, Ghiselli, 1970) que *los líderes nacen y no se hacen* - postura de la que difiero-

Según la teoría de rasgos, los líderes cuentan con características innatas de inteligencia, intuición, capacidad, previsión, integridad, que les permiten enfrentar situaciones de urgencia y gestionar adecuadamente procesos imprevistos, en este orden de ideas, si bien reconozco que algunas capacidades y cualidades pueden ser innatas como la inteligencia emocional, la gestión de las emociones, el carisma, el poder de convencimiento y resolución de conflictos, otras competencias pueden ser aprendidas mediante el ejercicio profesional y la formación.

En opinión de Daft (2006), el liderazgo implica hacer cambios y no conservar el status quo, aunque los cambios esperados reflejen los propósitos compartidos por líderes y seguidores en acciones donde ambos participan voluntaria y activamente en la persecución del cambio y asumen su cuota de responsabilidad para lograrlo. En este sentido el liderazgo también persigue influir en otros con el propósito de que se agrupen en torno a una visión común y así propiciar el cambio que llevará hacia un futuro deseable.

Según Hughes (2007) el liderazgo implica influir en un grupo organizado hacia el logro de sus metas y presenta un marco interaccional que puede servir de apoyo para el análisis en contextos específicos el cual ha denominado el marco transaccional, derivado de los estudios de Hollander.

Como se observa en el gráfico 11, el marco ilustra el liderazgo como una función compleja y de interacción de tres elementos: el líder, los seguidores y la situación. Aquí *los seguidores* deben ser vistos como colaboradores del líder, son una parte importante de la ecuación de liderazgo, pero su función no siempre ha sido apreciada. Kelley (citado por Hughes, ob. cit.) refiere dos tipos de seguidores, los independientes de pensamiento crítico y los dependientes sin pensamiento crítico, los primeros piensan por sí mismos y ofrecen asesoría constructiva mientras que los segundos evaden la responsabilidad y necesitan supervisión constante. En cuanto a la situación, el liderazgo solo posee sentido en un contexto de cómo el líder y los seguidores actúan en una situación determinada, la cual puede ser una tarea específica o un amplio contexto de acción.

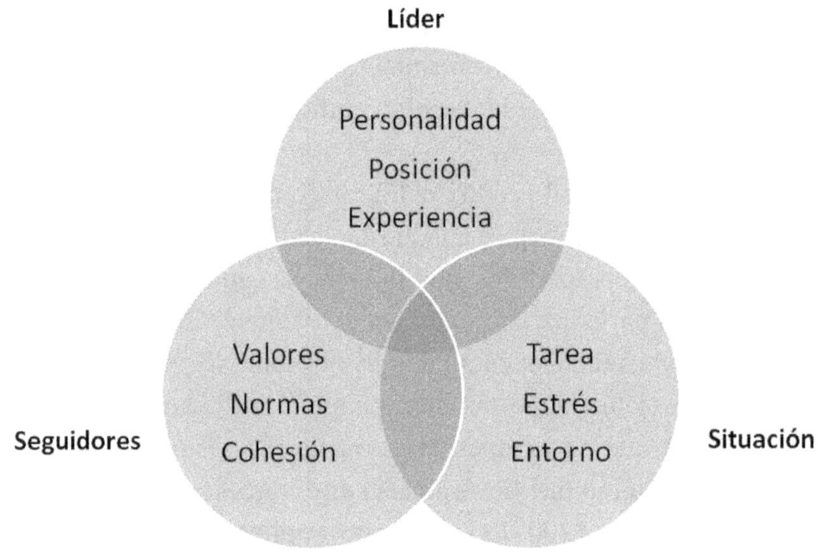

Gráfico 11. Un marco interaccional para analizar el liderazgo. Fuente Hughes (2007).

En cuanto a los valores, los considera construcciones que representan series generales de comportamientos que los individuos consideran importantes y son parte central de la integración psicológica de un líder. Por ello, los valores impactan el liderazgo a partir de un contexto cultural donde varios atributos y comportamientos son considerados diferencialmente positivos o negativos, el autor hace una recopilación de atributos positivos que se incluyen en la tabla 2.

Tabla 2

Atributos y comportamientos del líder universalmente contemplados como positivos

Atributos y comportamientos del líder universalmente contemplados como positivos		
Digno de confianza	Positivo	Inteligente
Justo	Dinámico	Negociador efectivo
Honesto	Despertador de	Solucionador de
Previsivo	motivos	problemas
Planea con	Constructor de	Ganar-ganar
anticipación	confianza	Hábil
Alentador	Motivador	administrativamente
Informado	Confiable	Comunicativo
Orientado a la	Coordinador	Constructor de equipos
excelencia	Decisivo	

Nota: Tomado de Hughes (2007)

Otro rasgo importante en el trabajo el líder es la confianza, según Álvarez (2001), no se puede exigir, ni ordenar, ni decretar, sólo suscitar, provocar, fomentar e inducir, por ello una de las tareas del líder es crear un clima de trabajo que propicie, proteja y consolide la confianza. Otras características del líder son las referidas por Max de Pree (citado por Álvarez, ob. cit.), entre las que incluye:
- Es coherente e integro.
- Valora la heterogeneidad y diversidad.
- Busca la competencia.
- Está abierto a la opinión contraria.
- Se comunica fácilmente con todos los niveles.
- Entiende el concepto de equidad y asiduamente recurre a él.
- Dirige sirviendo.
- Es vulnerable a las habilidades y talentos de los demás.

- Está comprometido con la organización y su trabajo.
- Es capaz de ver el conjunto por encima de su punto de vista.

Teorías y estilos de liderazgo

En líneas generales las teorías de liderazgo pueden agruparse cronológicamente según Daft (2006), de la siguiente manera:

(1) *Teorías del gran hombre*, a partir del análisis de los grandes líderes de la historia y de las características que los diferenciaban de los demás, se asumía que los líderes nacían con ciertos rasgos de un liderazgo heroico y gran capacidad para ejercer el poder y la influencia.

(2) *Teorías de los rasgos,* hacia 1920, después de los estudios sobre el "gran hombre" las investigaciones se orientaron a identificar los rasgos que definían al líder y que pudieran ser universales.

(3) *Teorías del comportamiento*, en torno a 1950, como no se consiguió identificar una serie de rasgos universales, los estudios se orientaron a identificar qué hace un líder y a determinar las diferencias de comportamiento entre los líderes eficaces y los que no lo eran.

(4) *Teorías de la contingencia*, llamadas también teorías situacionales, que explican que es imposible comprender el liderazgo independientemente de las distintas variables del contexto (características de los seguidores, del entorno laboral, de las tareas y el entorno exterior) y de la situación que influyen en los comportamientos de liderazgo eficaces.

(5) *Teorías de la influencia,* que analizan los procesos de influencia entre líderes y seguidores, entre ellas destaca la teoría del liderazgo carismático, centrada en las cualidades y la personalidad carismática y visión de futuro del líder que sirve de inspiración e influye en el cambio de las personas.

(6) *Teorías de las relaciones*, para 1970, surgen teorías que consideran que las relaciones interpersonales son el aspecto más importante de la eficacia del liderazgo, en un proceso donde los líderes y sus seguidores interactúan, influyendo unos en otros y que permite que cada persona colabore para alcanzar la visión de la organización, en estas teorías se ubica el liderazgo transformacional, que estimula a los seguidores para que se vuelvan líderes y eleva los estándares morales y la motivación de los líderes y los seguidores.

(7) *Teorías emergentes del liderazgo*, aunque se mantienen elementos de las teorías anteriores, son teorías que son abordadas desde la perspectiva de un nuevo paradigma, para enfrentar el mundo cambiante y sus desafíos, lo impredecible del entorno y su enfoque en enfrentar el cambio, crear organizaciones que aprendan, en las que todas las personas participan en identificar y solucionar los problemas a partir de una visión compartida.

Un estilo que está siendo muy valorado en el mundo académico y organizacional es el liderazgo positive, este proviene de la corriente de la psicología positiva, se puede complementar con otros estilos, considera los aportes de la inteligencia emocional de Góleman. Plantea que el desafío del líder es ayudar a crear lo nuevo y movilizar a las personas para implementar estos cambios, las personas conocedoras de sus talentos y capacidades en la sociedad del conocimiento, no les estimulan las recompensas ni las órdenes unidireccionales, por el contrario, las personas flexibles, adaptables, seguras y optimistas superarán a las más rígidas, temerosas y pesimistas, difíciles de cambiar, en este escenario un líder positivo define y transmite su visión optimista, establece objetivos desafiantes, moviliza e incentiva, sin mandar ni imponer nada, persigue resultados extraordinarios, se centra en las brechas de abundancia en vez de escasez-carencia, la posibilidad del bienestar permanente y el salario emocional, entre otros.

Para Elorriaga (2018), el liderazgo Positivo constituye la innovación en la gestión de las personas, combina una visión positiva ilusionante con la generación de climas y relaciones emocionales positivas, para permitir que surja la confianza y la ilusión que permitan el compromiso voluntario de los trabajadores. El papel del líder en este estilo, es crear entornos donde las personas trabajen desde sus fortalezas permitiendo una actuación extraordinaria, centrándose en lo que eleva a las personas, lo que saben hacer, lo que les estimula, lo que se ha experimentado como bueno y positivo en las organizaciones y reconoce que el trabajo cognitivo se hace mejor cuando se inducen emociones positivas (alegría, confianza, amor, apreciación) esto propicia la creatividad, la conformación de equipos y relaciones, genera más seguridad y mejora el desempeño. En este estilo de liderazgo se valora el papel de las emociones en la satisfacción de los miembros de la organización para el logro de los propósitos.

Respecto a la valoración de las emociones, Cao (2017), plantea que el buen liderazgo surge de una verdadera pasión por el trabajo y del interés por las personas con quienes están vinculados emocionalmente. Donde existe liderazgo, las personas se vuelven parte de una comunidad y sienten que su aporte es valioso. El liderazgo requiere además valor para aceptar errores y dudas, correr riesgos, escuchar, confiar y aprender de otros, por ello precisa de una serie de fuerzas sutiles que llevan en su interior los líderes, como una mentalidad abierta y receptiva a nuevas ideas y que no las critique; disposición a no conformarse, a disentir y a decir no cuando se requiera y una capacidad para aceptar inconformidades de otros sin obligarlos a pensar como ellos. Desde este punto de vista, el liderazgo crea el cambio, a veces radical, dentro de una cultura que colabora con la organización a fin de que mejore a largo plazo.

Si bien el liderazgo y sus estilos han sido investigados en el ámbito empresarial y político, también se considera primordial en el ámbito educativo, donde también se ha notado la evolución de algunos estilos desde el autocrático hacia el democrático y posteriormente al distribuido. En este ámbito, Carvajal (ob. cit.) señala que la literatura refiere distintos tipos de liderazgo, que permiten identificar el tipo de competencias necesarias para afrontar el proceso de integración de las TIC, entre ellos menciona el liderazgo pedagógico, entendido como aquel que promueve las mejores condiciones organizativas y profesionales del profesorado para incrementar el aprendizaje del alumnado y la adaptación a los cambios educativos. (Bolívar citado por Carvajal, ob. cit,). Una característica fundamental de este liderazgo es la función de facilitador, aquella que ejerce el poder a través de los demás y no sobre ellos, por lo que el líder busca la implicación personal y compromiso de los profesores a través de sus inquietudes y el desarrollo profesional de los implicados.

Además, para implantar modelos de gestión de calidad en las instituciones educativas, se necesita un impulso institucional, estímulo y determinación del equipo directivo, pero también exige un liderazgo capaz de ofrecer seguridad y habilidad para gestionar los procesos de participación. Este liderazgo pedagógico promueve la participación de la comunidad para la toma de decisiones y la responsabilidad en la puesta en marcha de las medidas de mejora, por lo que se trata de un verdadero liderazgo compartido.

Desarrollar el liderazgo pedagógico en un proyecto de gestión de calidad exige tanto el deseo de ejercer dicho liderazgo como la posibilidad de llevarlo a cabo para facilitar procesos grupales, mediante la participación y creación de equipos de trabajo que compartan responsabilidades y que estén liderados. Como se puede observar, el liderazgo pedagógico se vuelca sobre el trabajo grupal y destina una parte importante de su energía a crear estructuras conformadas por el alumnado y profesorado. (Álvarez, Torres y Chaparro, 2016)

Sobre el liderazgo del profesorado existen otros factores claves como los que exponen Frost y Harris (2003), los cuales son: (a) *La construcción del papel profesional del profesorado*, vinculada con la forma cómo construyen su papel como profesionales, definen las fronteras y cómo perciben su papel en la sociedad y en el contexto de una política educativa en particular. (b) *El contexto organizativo*, determinado por factores como la estructura organizativa y su papel para facilitar u obstaculizar el desarrollo del mismo; la cultura de la organización y su aceptación o no del liderazgo y el capital social, relacionado con el grado de confianza existente entre los miembros de la comunidad educativa y (c) *La capacidad personal y los aspectos que la sustentan* como: autoridad, conocimiento, comprensión de la situación, de los contextos educativos y habilidades interpersonales.

También Bolívar, López y Murillo (2013) han realizado una revisión de los enfoques e investigaciones sobre el liderazgo en educación clasificando los trabajos en función de las pretensiones y aspiraciones a perseguir desde el ejercicio del liderazgo y resaltan: el liderazgo pedagógico que se preocupa de la mejora de los procesos de aprendizaje, el liderazgo distribuido que persigue la implicación de todos los actores escolares para mejorar el funcionamiento de las instituciones educativas y el liderazgo comprometido con el ejercicio de la justicia social desde las organizaciones escolares. No obstante, en estructuras jerárquicas, como la mayoría de las instituciones educativas, el papel del líder se considera relacionado con el papel del director.

Volviendo a la figura que ejerce el papel de líder en los centros, Cifuentes y Vanderline (2015), sostienen que la instancia de autoridad sobre la que recae la función de liderazgo es la dirección por lo cual su capacidad de liderazgo es clave para el éxito. Sin embargo, a partir de su estudio, comprobaron la existencia de otro espacio controversial, al manifestarse que no es solo esa autoridad sino otras como el docente titular, el coordinador TIC, el secretario o el director quienes se arrogan el papel de líder en el proceso de digitalización, lo que les lleva a señalar la diversidad como el rasgo característico del liderazgo y coordinación escolar, específicamente en la digitalización de los materiales, en ese ámbito particular se puede asumir el liderazgo como un proceso y no como una persona. Este planteamiento invita a pensar en otros liderazgos a diferentes niveles de la estructura organizativa y tal vez con diversos grados de compromiso, además del liderazgo ejercido por la dirección, que suele ser común en instituciones educativas y fundamentalmente en educación superior.

En este orden de ideas, se viene observando la necesidad de reformular la concepción del liderazgo en las instituciones educativas ya que no se percibe relacionado estrictamente con los principales cargos directivos o mandos de la organización sino con elementos de la cultura organizacional. El liderazgo, es un elemento cultural que ejercen los miembros de la organización de forma fragmentada en contenido e intensidad más que una función directamente vinculada a cargos organizativos. Peirats, Rodríguez y San Martín (2019).

En cuanto al liderazgo en organizaciones educativas, Cifuentes y Vanderlinde (ob. cit.), en una investigación sobre el liderazgo de las TIC en instituciones de educación superior de Colombia, encontraron que las instituciones sin un equipo establecido o un plan estratégico en TIC tendían a enfrentar dos tipos de problemas, el primero, cuando un plan existe pero no hay una unidad a cargo del mismo, los esfuerzos son poco significativos; y segundo, cuando una unidad TIC es asignada pero no hay un plan explícito para integrar tecnología en procesos educativos, se carece de una visión, los esfuerzos no pueden ser orientados y las estrategias y actividades no pueden ser evaluadas a largo plazo. Los autores estudiaron este fenómeno desde una perspectiva de liderazgo distribuido y encontraron que formular un plan estratégico en TIC y establecer una unidad TIC son condiciones previas para promover la innovación con TIC en educación superior. No obstante, reconocen que debe prestarse atención a la elaboración de la política, la dirección del cambio educativo en el profesorado, sortear regulaciones administrativas, promocionar las unidades TIC más allá de funciones de soporte tecnológico y encontraron que el direccionamiento implica no solo un plan estratégico en TIC sino también un equipo responsable de su puesta en práctica, que valore y supere la tensión permanente con el personal académico y administrativo.

Con respecto al liderazgo distribuido, Queupil y Montecinos (2020), confirman que existe un creciente consenso en que este estilo de liderazgo produce un impacto positivo en los resultados escolares y promueve la mejora educativa. A partir de un estudio realizado por los autores sobre *El Liderazgo Distribuido para la Mejora Educativa en Escuelas Secundarias Chilenas*, concluyen que la determinación del grado de distribución de una red de liderazgo no puede considerarse solamente como una cuestión de estructura o diseño organizacional. Los patrones detectados en la distribución del liderazgo, especialmente al desarrollar interacciones para la búsqueda de consejos y prácticas innovadoras que redunden en la mejora educativa, muestran menor densidad en comparación a interacciones para abordar la mejora escolar. Esto puede tener implicaciones importantes para los tres niveles de aprendizaje que se requieren para la mejora escolar: individual, colectivo y organizacional.

En correspondencia con la revisión realizada, se asume el liderazgo como un concepto dinámico y en permanente evolución al incorporar otros elementos organizacionales como necesidad de respuesta al cambio, talento de los seguidores, aspectos emocionales, capacidad de influencia, organización y logro de objetivos, propósito e impacto de la organización en su entorno, políticas y líneas de acción a la luz de criterios de efectividad y eficiencia y en el mejor escenario, también de satisfacción de los miembros de la organización, reconocimiento de los talentos y logros individuales y compartidos en un clima laboral de armonía, respeto y estímulo.

Tomando en cuenta que respecto al liderazgo han surgido diferentes perfiles y estilos, unos con mayor aplicación y trascendencia al campo educativo que otros, a continuación se incluye una breve revisión teórica sobre los estilos de liderazgo más comunes, los rasgos relevantes encontrados en la literatura así como algunos de los autores que han profundizado en su estudio, a los fines de visibilizar las diversas concepciones que se han generado históricamente y que validan la importancia del papel del líder en las diversas organizaciones y su evolución para adaptarse a los cambios que las instituciones y la sociedad han experimentado.

Tabla 3

Estilos y tipos de liderazgo

Estilo	Premisas	Algunos referentes
Autocrático	El líder asume el poder absoluto en la toma de decisiones y establece directrices sin la participación del grupo. Es unidireccional y espera que los subordinados obedezcan las directrices. Puede ser efectivo en organizaciones que requieren tomar decisiones rápidas y vigilar las	Adams y Yoder (1985) Gonos y Gallo (2013)

	actividades de los empleados para aumentar su productividad y velocidad en las tareas. Puede producir malestar en los empleados por estar infravalorados; ausentismo y alta rotación.	Warrick (1981)
Democrático/participativo	Fomenta la participación de los trabajadores en la toma de decisiones incrementando la satisfacción por el trabajo. Favorece el desarrollo de nuevas habilidades, compromiso con la organización y retención del talento. Es adecuado cuando la calidad y el trabajo en equipo es más importante que la velocidad y el tiempo dedicado a la tarea. Requiere altas habilidades del líder para mantener la motivación y la colaboración de quienes le siguen y total confianza en sí mismo.	Vroom y Yetton (1973) Adams y Yoder (1985) Warrick (1981)
Laissez-faire (liderazgo delegativo)	Por su traducción del francés, alude a "dejar pasar" o "dejarlo ser". Es un estilo de no intervención y carente de feedback. Interviene lo necesario y con el menor control possible pues asume que los trabajadores con mucha experiencia y alta motivación requieren menos supervisión para ser productivos, trabajan de forma creativa, independiente y cumplen sin vigilancia y rigidez. Algunas organizaciones lo perciben como un estilo con falta de control y poco productivo.	Kurt Lewin Adams y Yoder (1985) Gonos y Gallo (2013) Warrick (1981)
Transaccional	Se basa en transacciones. En procesos de intercambio entre los líderes y sus seguidores, en los cuales **los** seguidores reciben premios por su desempeño laboral y el líder se beneficia porque ellos cumplen con las tareas señaladas. Parte de la idea de que los miembros de equipo llegan al acuerdo de obedecer en todo a su líder. Está orientado a objetivos y genera alta rotación. Al satisfacer las necesidades de los subalternos mejora la productividad y el estado de ánimo.	Bass (1990) Tracy (2015)

Transformacional	Pone énfasis en el clima laboral y aporta mayor flexibilidad al funcionamiento de la organización al emplear altos niveles de comunicación para conseguir los objetivos y transmitir a los empleados una visión de cambio compartida. Incrementa la inspiración, la armonía, el entusiasmo, la productividad, la eficiencia, la moral, la ayuda mutua y la motivación del equipo de forma permanente. Propicia cambios en la visión, la estrategia y la cultura de la organización y se enfoca en cualidades intangibles como la visión, los valores, los valores, las creencias y las cualidades personales del líder.	Bass (1990) Tracy (2015) Burns (1976) Velás-quez (2006)
Distribuido	Minimiza las diferencias de poder e influencia entre quienes ocupan cargos de autoridad formal y los otros miembros de la organización. Implica centrarse en las redes de relaciones de los actores, así como en sus situaciones y prácticas. Debe evitar hacer suposiciones a priori con respecto a la distribución de las funciones entre quienes ocupan cargos formales. Su objeto de estudio son las interacciones entre los individuos y se enfoca en el desarrollo de capacidad de influencia mutua.	Frost y Harris (2003) Barry (1991) Spillane (2006) Queupil y Monteci-nos (2020)
Burocrático	El líder hace todo según esté predefinido en un libro o manual, generando un trabajo estándar. Sigue todas las reglas de forma rigurosa y se asegura de la precision de sus seguidores. Es un estilo apropiado para trabajar cuando existen muchos riesgos en cuanto a seguridad o manejo de grandes sumas de dinero. Los riesgos de error disminuyen, se obtienen resultados de calidad y en el tiempo establecido. No existen privilegios ni reconocimiento de la individualidad, crea ambientes de trabajo rígidos, no acepta cambios en los procesos, no fomenta la creatividad, ni los aportes de los subordinados.	Max Weber Noriega (2015)

Carismático	Guarda parecido con el liderazgo transformacional, el líder inspira entusiasmo en los equipos, es muy energético y entusiasta al conducir a los empleados. Su influencia proviene de sus características personales y nó del poder del cargo que ocupa. El líder tiende a creer más en sí mismo que en los equipos de trabajo lo que puede afectar el desempeño en caso de abandonar la organización. El líder posee habilidad para comunicar las ideas y tareas complejas de forma clara y atractiva y ejerce aplicando sus emociones en la vida laboral, crea un ambiente de cambio y una visión idealizada del futuro.	Gómez-Rada (2002)
Orientado a personas	Es opuesto al liderazgo orientado a la tarea, se orienta a organizar, hacer de soporte y desarrollar los equipos. Es muy participativo, persigue empoderar al equipo y fomentar la colaboración creativa.	Stogdill (1948)
Natural	El líder no se ha reconocido de manera formal, pero lidera de forma simple la satisfacción de las necesidades del equipo apoyado en la empatía. Es un tipo de liderazgo democrático, por cuanto el equipo participa de la toma de decisiones. Reconoce el papel de los valores, pero en situaciones de elevada competencia puede ser superado por otros líderes que empleen estilos de liderazgo diferentes. Los miembros del equipo se sienten valorados, se reduce el estrés y mejora el clima organizacional.	Tracy (2015)
Orientado a la tarea	Focaliza el trabajo en lo que se haya cumplido, por lo que puede entenderse como un poco autocrático. Se orienta a definir el trabajo y los roles, ordenar, planificar y controlar. No se focaliza en el bienestar del equipo, lo que no favorece la motivación ni la permanencia de los empleados.	Gómez-Rada (2002)

Compartido	Se crean vínculos de apoyo entre iguales que incrementan la responsabilidad dentro de la organización al compartir roles y responsabilidades. Surge como un factor clave para las organizaciones que tienen mayor capacidad de aprender, innovar y adaptarse a desafíos externos. Genera una infraestructura para que las organizaciones puedan beneficiarse del liderazgo de múltiples actores. Posee críticas en cuanto al abordaje de aspectos como conflicto, poder y autoridad.	Lombeida (2019)
Positivo	Surge como una línea teórica y de investigación, ante la necesidad de las organizaciones de adaptarse a los cambios del contexto, al enfocarse en la motivación intrínseca y en el desarrollo positivo de los seguidores, representa una visión productiva y eficiente al momento de gestionar las organizaciones. Genera un clima de emociones positivas, optimiza la actuación de individuos y grupos, incorpora el salario emocional y la calidad de vida laboral.	Cameron, Mora, Leutscher y Calarco, (2011) Elorriaga (2018)

Nota: Organización propia a partir de las fuentes consultadas.

Conviene señalar que existen otros estilos que pueden ser revisados y resaltar que a nivel empresarial e internacional, también se pueden considerar los aportes del proyecto de investigación Global Leadership and Organizational Behavior Effectiveness (GLOBE), ya que este proyecto recoge aportes y orientaciones valiosas para quienes deseen direccionar su investigación hacia el campo del liderazgo, resaltaré algunos de ellos para propiciar la inquietud y búsqueda de la fuente original.

Proyecto GLOBE

El proyecto GLOBE (por sus siglas en inglés Global Leadership and Organizational Behavior Effectiveness), traducido al español, es un Modelo de Liderazgo Global y Efectividad del Comportamiento Organizacional, representa un estudio riguroso y multinacional que se ha desarrollado en múltiples fases, a partir de información de 17000 gerentes desde 1993 en más de 60 países donde se valoraron culturas y sociedades de todo el mundo con el fin de establecer como influyen las creencias, las convicciones, los valores e identidades particulares en la cultura social, la cultura organizacional y el liderazgo a nivel mundial. En lo que refiere a la cultura, el Proyecto contempla nueve dimensiones para caracterizarla: la Asertividad, el colectivismo de grupo, el colectivismo en la sociedad, la orientación al futuro, la equidad de género, la orientación humana, la orientación al desempeño, la distancia del poder. En función de estas dimensiones y el liderazgo observado en más de 1000 organizaciones, refiere las características y rasgos relevantes en cuanto a liderazgo para la mayoría de las regiones o grupos de países en estudio.

El proyecto GLOBE, según House, Javidan, Hanges y Dorfman (2004) para analizar el liderazgo y la cultura hace énfasis en las siguientes proposiciones teóricas:

1. Los valores y las prácticas sociales y culturales influyen en lo que el líder hace.
2. El liderazgo influye en las formas culturales y en las prácticas organizacionales.
3. Los valores sociales culturales y las prácticas influyen en la cultura y las practicas organizacionales.
4. La cultura social, la cultura organizacional y las prácticas organizacionales, influyen en el proceso de compartir teorías implícitas de liderazgo.

5. La aceptación del líder es una función de la interacción entre la teoría implícita de liderazgo, determinada culturalmente y las conductas del líder.

El modelo GLOBE evalúa 6 dimensiones de liderazgo: Carismático, orientado al equipo, autoprotector, participativo o democrático, orientado a lo humano y autónomo o individua. Dado el ámbito de investigación que cubre este proyecto y la importancia de sus aportes para la comprensión de la cultura organizacional y el liderazgo, conviene profundizar en su revisión ya que además de sus proposiciones teóricas muestra una organización por grupos a los que fueron asignados determinados países y para los cuales reporta datos significativos, entre estos grupos destacan el Grupo Anglo, el Grupo Árabe, el Grupo Germano y el Grupo Latino.

Los nuevos liderazgos para la alta tecnología para Europa

A nivel mundial se reconoce la importancia del liderazgo en todas las organizaciones para hacer frente a los diversos retos que implican las TIC en todos los sectores, en el caso concreto de Europa, se ha prestado atención al desarrollo de nuevos liderazgos para orientar los procesos de automatización, aplicaciones de inteligencia artificial, el Internet de las cosas, el avance de las tecnologías y la robótica, para atender a las nuevas tendencias tecnológicas, industriales y de negocios, las cuales han generado nuevas y complejas tareas, impactando el mercado de trabajo y la demanda de nuevas capacidades

Según la Comisión Europea (2017), las empresas se han percatado de las implicaciones de estas tendencias y en 2016 la Encuesta Mundial de McKinsey, confirmó que más de la mitad de los encuestados coincidieron en señalar la automatización entre sus tres principales prioridades para mejorar los procesos de negocio. Para hacer frente a esta realidad se asume que deben conformarse nuevos liderazgos y a diferentes niveles no solo directores, sino también para mandos medios como divisiones comerciales, departamentos, equipos de proyectos y otros subgrupos.

Al respecto, presenta un amplio documento que señala las competencias necesarias (Competencias de trabajo en equipo, comunicación, perspectiva, redes, pensamiento crítico, comprensión global, gestión de proyectos, pensamiento analítico y resolución de problemas) y propone el triángulo de las capacidades de liderazgo para la alta tecnología (ver gráfico 12), que recoge de manera sintética la visión de la CE en esta materia, la cual si bien no se refiere explícitamente al campo educativo, permite visualizar el horizonte de competencias que deben desarrollarse a nivel de formación de grado medio, superior y universitario para dar respuestas al mercado laboral que evidentemente se orienta hacia el uso intensivo de las TIC en todos los sectores. Lo que debe redundar tanto en el desarrollo de nuevas competencias y tareas para los líderes en funciones y en formación así como en el desarrollo de competencias en las instituciones formadoras de profesionales para la gestión de la innovación y la alta tecnología.

Según el triángulo de las capacidades de liderazgo para la alta tecnología de la CE (ob. cit.), se estima que el líder debe poseer: *Liderazgo estratégico*: para dirigir a personal de múltiples disciplinas, e influir en las partes interesadas más allá de los límites funcionales y geográficos. *Dominio de los negocios*: para innovar los modelos de negocio y operativos, proporcionando valor a las organizaciones y *Dominio de la alta tecnología*: para imaginarse y dirigir el cambio y para mejorar el rendimiento del negocio aprovechando las oportunidades de innovación de las tendencias de la alta tecnología. (p. 7)

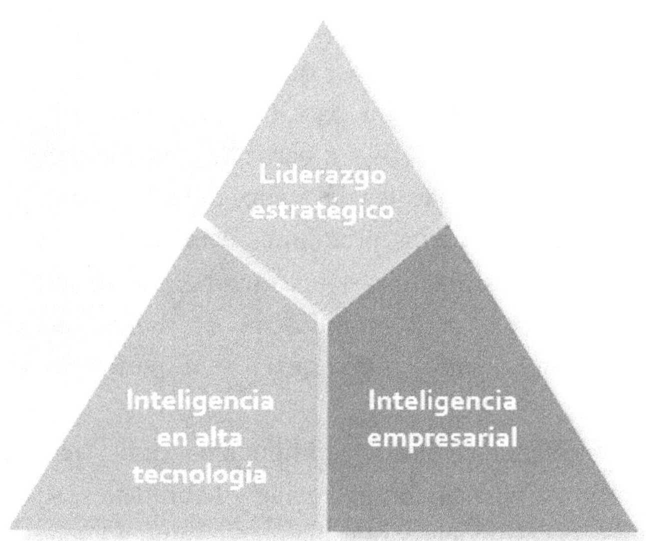

Gráfico 12. Triángulo de las capacidades de liderazgo para la alta tecnología. Tomado de Comisión Europea (2017)

Así mismo, la CE reconoce que se necesita una nueva generación de líderes especialmente en el ámbito de las tecnologías, que puedan manejar su rápida evolución en un entorno de mercado competitivo e imprevisible y para el cual deben poseer talento y ser innovadores y flexibles. En tal sentido se desarrolló una serie de talleres, encuestas y entrevistas, donde participaron más de 700 expertos y a partir de sus aportes concretos coinciden en establecer nuevas capacidades como: Capacidades de aprender a aprender; Capacidad de estar alerta para supervisar constantemente los acontecimientos internos y externos y actuar rápidamente sobre ellos, adaptabilidad, experimentación continua y habilidad para aprovechar los errores y convertirlos en experiencias de aprendizaje y capacidades multidisciplinarias y de integración, soportadas en el diseño de sistemas, el pensamiento transformador, el trabajo en equipo y la capacidad de solucionar problemas complejos.

Además, se establece el índice de e-Leadership (e-liderazgo) atendiendo a varias dimensiones que incluyen el clima empresarial y político, la infraestructura para comparar las políticas de los Estados Miembros de la UE y a partir de sus resultados se crea el mapa europeo de los cuartiles del Índice del e-Leadership. Además, este trabajo reporta varios programas e iniciativas de formación, ejemplos de buenas prácticas y una ruta para la acción a todos los niveles en Europa, para la industria, el mundo académico, el gobierno y otras partes interesadas y a partir de prioridades estratégicas.

Definitivamente, se disuelve el liderazgo tradicional, se estimula el desarrollo de nuevas competencias y habilidades, se valoran las emociones, la resiliencia y el trabajo en equipo además del talento, la flexibilidad y la capacidad de aprender a aprender. Por lo tanto, al analizar la cultura de la organización y las perspectivas de futuro es fundamental valorar el tipo de liderazgo que en ella se ejerce y generar nuevas competencias del líder para el aprovechamiento de las TIC en todos los ámbitos de aplicación.

Desde este ángulo, podemos generar una larga lista de interrogantes que pueden surgir de la revisión y el análisis de cada institución particular y a partir de las cuales puede orientarse el esfuerzo investigativo. La lista de inquietudes o preguntas de investigación, se presentan agrupadas en torno a los dos aspectos claves desarrollados en este capítulo: Cultura y liderazgo.

Preguntas de investigación

Interrogantes en torno a la cultura:

–   ¿Qué características posee la cultura institucional y cuál es su influencia en la implantación de las TIC?, ¿Cuáles dimensiones podemos identificar, describir o comprender en la cultura organizacional del centro?, ¿Los procesos comunicativos facilitan la interacción entre los miembros de la organización?

- ¿Existe en la institución una cultura que propicie el cambio?, ¿Qué esperan los miembros de la organización de los cambios en su cultura tecnológica?, ¿Existe apoyo y compromiso de las autoridades para integrar las TIC en el centro?, ¿Cómo es el proceso de adopción y adaptación de las TIC al interior de la organización?, ¿Qué mecanismos de adaptación-integración intervienen en los procesos de integración de las TIC, quien(es) y cómo los lideran?

- ¿Poseen los miembros de la organización una cultura tecnológica que propicie la incorporación progresiva y exitosa de nuevas herramientas tecnológicas y de la virtualización de los procesos académicos y/o de gestión?
- ¿Qué mitos prevalecen en la institución, cuáles son las creencias de los diversos actores para la implantación de las TIC?, ¿Como entran en conflicto los mitos y como se mantienen o superan?

- ¿Cómo incide el contexto, la historia y el clima organizacional en los procesos de aprendizaje y gestión mediados por las TIC?

Interrogantes en torno al liderazgo:

- ¿Qué estilo de liderazgo prevalece en centros o instituciones que han logrado procesos de mejora exitosa?, ¿Las instituciones que aprenden poseen liderazgos que impactan en lo individual, colectivo y organizacional?, ¿Qué estrategias aplican para aprender?, ¿Cuál es el estilo de liderazgo implícito en los procesos de innovación y/o integración de las TIC?

- ¿La forma de conducir el proyecto de implementación y/o formación con las TIC y las competencias de quién ejerce el liderazgo tiene impacto en la transformación de los contextos intra y extra, institucionales?

- ¿El equipo directivo posee liderazgo para dinamizar, apoyar y animar al colectivo? o ¿Los esfuerzos individuales o de grupos de docentes son suficientes para lograr la mejora?

- ¿Cómo caracterizar el líder institucional desde la dimensión personal, profesional, emocional y organizacional?, ¿Qué competencias debe tener el coordinador del proyecto TIC de centro?, ¿Qué percepciones poseen los actores sociales sobre el liderazgo en instituciones que implantan proyectos TIC?, ¿Cuáles son los rasgos favorables o desfavorables del líder que emprende la implantación de las TIC en la organización?

- ¿Los líderes que orientan la institución hacia el logro de sus metas comparten los valores de los seguidores?, ¿Cuáles son los rasgos que conforman las dimensiones: personal, profesional y organizacional sobre las que actúan los líderes desde la mirada de sus seguidores y desde la mirada de los directivos, autoridades o mandos superiores?, ¿Qué aporte brinda conocer los rasgos del líder para impulsar procesos de mejora?

- ¿Qué estrategias emplean los líderes para superar situaciones problemáticas, mitos y/o resistencias?, ¿Qué tipo de apoyo reciben los líderes desde la directiva para emprender el cambio y superar resistencias?

- ¿Cuál es el papel de las redes de padres o las familias en la gestión y comunicación con los centros en procesos mediados por las TIC?, ¿Cómo se concilia la vida personal y laboral ante la incursión de las TIC en el trabajo, el teletrabajo y el hogar?

CAPÍTULO VI
REFLEXIONES FINALES

Lo importante es no dejar de hacerse preguntas.

Albert Einstein

En una economía donde el conocimiento sigue manteniéndose como un factor generador de riqueza y como la principal materia prima, se revitaliza el papel de las instituciones generadoras de conocimiento las cuales deben reinventarse y adaptarse para dar respuesta a los cambios acelerados y los múltiples requerimientos que experimenta la sociedad. En este orden de ideas, el nuevo escenario educativo demanda el desarrollo de nuevas competencias para prestar atención a los cambios que se rehacen en el cruce de paradojas y fenómenos como el acercarnos a lo más lejano y distanciarnos de lo más cercano, la emergencia de prácticas que desbordan los espacios nacionales y se reubican en circuitos cada vez más transnacionales, el debilitamiento de los contextos tradicionales de socialización, frente a la creciente relevancia de las mediaciones comunicacionales e informáticas que generan nuevos ritmos, tiempos, contextos, significados, lenguajes e interpretaciones. Téllez (2000)

A la par, es preciso ofrecer un abanico de posibilidades de indagación que propicien el desarrollo de nuevas investigaciones a quienes reconocen la importancia de la incorporación de las TIC en espacios educativos y de gestión y emprenden su comprensión desde un punto de vista crítico y contextualizado con el entorno, en interacción con los niveles de incertidumbre en que nos desenvolvemos y la rapidez con que cambian las tecnologías. En este escenario, tal vez no se generen soluciones perfectas ni acabadas, pero debemos esbozar algunas intencionalidades y acciones concretas para comprender el momento que vivimos y adaptarse para la construcción de hallazgos y aprendizajes significativos, desarrollar la capacidad de aprender a lo largo de la vida mediante la interacción con tecnologías, en espacios ilimitados, tanto en solitario como en compañía de quienes se conectan por el saber y en procesos donde las TIC per se no logran el cambio sino la apropiación de competencias específicas que integran actitud, emoción, habilidad y conocimiento, así como la humanización del proceso de aprender.

Para ello, la apertura paradigmática nos permitirá valorar otras miradas y otros significados para tener una visión holística de un proceso que ofrece cada día nuevas aristas y nuevos escenarios para la investigación. Aunque se reconoce que las mejoras de la educación no se vinculan exclusivamente a lo tecnológico, tampoco podemos concebir en la actualidad a docentes y estudiantes desconectados, de allí que al investigar en TIC y educación, debemos contemplar el estado del arte a nivel internacional y regional en diversas direcciones, una de ellas en materia de acciones y propuestas para el acceso a las TIC, pues la UNESCO, la ONU, la CE, la CEPAL y otras organizaciones han generado un marco orientador dirigido a superar la brecha digital y propiciar entre otros el logro de los ODS, las Líneas de Acción de la CMSI, ofrecer los indicadores IDI que actualiza periódicamente la UIT, entre otros, que se convierten en un referente importante para iniciar la construcción de nuestros propios estándares y estrategias de acción a la luz del análisis del nivel de penetración de las TIC en el contexto internacional y regional, los indicadores en los que se ubican países con rankings superiores y la valoración de las experiencias que a nivel político, económico, social y educativo se han desarrollado para insistir en minimizar las enormes brechas que aún separan a muchos ciudadanos y colectivos en el acceso al mundo de lo global.

Así mismo, conviene revisar el marco jurídico o legal del país, desde la Constitución hasta sus Decretos, Leyes, Planes y Políticas en materia educativa, de investigación, formación docente y acceso a las TIC, así como los documentos que rigen la vida institucional de las organizaciones educativas, pues en este marco subyace la perspectiva de presente y futuro para emprender acciones y sustentar cualquier proyecto o estudio orientado a la formación, mejora y aprendizaje permanente de los actores sociales en lo atinente al desarrollo de competencias tecnológicas y aprovechamiento de las TIC en todos los ámbitos de las vida.

En lo que respecta a los procesos de implantación de las TIC es preciso contar con un modelo que oriente cada una de sus fases, de manera consensuada, contextualizada y en sintonía con las funciones o aportes de cada uno de los actores que darán vida al mismo, para ello existen algunos modelos que han sido producto de la construcción en situaciones particulares de investigación y que pueden ser transferidos a otros contextos y/o servir de guía para construir y proponer modelos específicos que resulten del proceso indagatorio, de la comprensión y construcción en instituciones o niveles particulares, los cuales constituyen en sí mismos un trabajo de investigación.

Además, la implantación de estos proyectos debe considerar la existencia de una unidad donde los docentes y el resto del personal perciba su vinculación y apoyo para emprender acciones mediadas por las TIC que no solo contemple la asistencia tecnológica sino también pedagógica y de gestión, en el marco de los intereses y lineamientos de la política institucional. Si bien la formación docente no es el único factor a tener en cuenta para la integración de las tecnologías, es conveniente reconocer que en algunos casos se ve reducida su capacidad de intervención debido a su nivel de preparación, mitos, creencias y actitudes particulares, así como por la dotación y acceso a infraestructura tecnológica, los cuales son claves para profundizar en los procesos de cambio y transformación que requiere el sector educativo.

La integración curricular de las TIC, como soporte a proyectos pedagógicos que se orientan por modelos constructivistas y más recientemente conectivistas, competencias distribuidas y aprendizaje colaborativo, implican la revisión de competencias de los estudiantes, el desarrollo o actualización de competencias docentes para el diseño y/o uso de contenidos digitales, plataformas y aplicaciones educativas, que conduzcan a la planificación, ejecución y evaluación de estrategias didácticas y evaluativas específicas, para comprender y facilitar el aprendizaje tanto en el aula como en la red, reducir las prácticas memorísticas y propiciar el desarrollo de prácticas socio-constructivistas centradas en el estudiante, el aprendizaje autónomo, colaborativo y significativo, así como a disminuir las brecha de género, generar el acceso a estudiantes con discapacidad, colectivos de inmigrantes, etnias, entre otros. En estos procesos de integración de las TIC es fundamental el aporte de la evaluación diagnóstica, de proceso y final, tanto de los agentes educativos, sus competencias e implicación, como del proyecto de implantación en sí, para valorar su progreso e impacto tanto en el aprendizaje como en la cultura.

En consecuencia, la práctica docente debe ir acompañada de un uso reflexivo de las TIC que supere el snobismo y las posturas extremas entre tecnofilia y tecnofobia, y de paso al uso consciente de estas herramientas y sus potencialidades a la par de un proceso investigativo para la implantación de las TIC, el conocimiento y los significados que emergen de la práctica pedagógica mediada por estas tecnologías, el diseño, implantación y evaluación de nuevas oportunidades formativas, aplicaciones, medios y herramientas; el papel del pensamiento del profesor visto desde la óptica pedagógica más que desde la psicológica, la comprensión del papel del líder, la gerencia y la cultura organizacional y tecnológica en los proyectos de innovación, entre otros temas que abren un amplio campo para la investigación y para lo cual el docente debe estar formado y comprometido como agente de cambio.

Paralelamente, debemos volver la mirada a la cultura de la organización, valorando que la cultura es un concepto que se ha reconstruido y ha tomado cada vez más significado en las organizaciones a partir del aporte de diversas disciplinas que trascienden los límites de su concepción antropológica. Actualmente, este concepto se enriquece al distinguir las especificidades de la cultura tecnológica, pues las creencias, actitudes y valores de sus actores, el papel del líder y los directivos, entre otros, representan un buen punto de partida para el desarrollo de competencias y proyectos que involucren y aprovechen las tecnologías para mejorar el aprendizaje y su impacto social, donde además se pongan de manifiesto la importancia de las emociones, la resiliencia y el trabajo en equipo ante crisis o situaciones inesperadas donde las TIC siguen creciendo sin pausa y pueden representar una alternativa de solución.

En cuanto a los mitos que subyacen en los actores para la implantación de procesos mediados por las TIC resulta importante conocerlos y discutirlos en el marco institucional, de modo que se superen creencias que pueden obstaculizar el desarrollo de tales procesos, por eso en lo académico se requiere recuperar el tratamiento pedagógico y didáctico de las tecnologías y en lo gerencial, brindar una gama de oportunidades que faciliten la labor del trabajador a partir de estrategias que superen los procesos tecnológicos y de automatización y se conviertan en alternativas de uso cotidiano, sencillo, deslocalizadas y asíncronas, favoreciendo cada vez más la autonomía del usuario, el acceso permanente a la información y a sus demandas comunicativas, administrativas, académicas y de gestión en línea.

Al respecto, es necesario emprender estrategias para convertirse en organizaciones dinámicas, readaptables, inteligentes y organizaciones que aprenden, de modo que no solo logren adaptarse sino también establecer acciones a mediano y largo plazo a partir del potencial creativo de sus actores. Como señala López (2013) estas organizaciones tienen un elevado potencial para adaptarse sin perder la identidad e identificarse de forma rápida, favoreciendo su desarrollo y proactividad apoyadas en la capacidad de hacer sostenible la ventaja que se deriva de lo aprendido.

El teletrabajo y la formación online como respuesta a situaciones de crisis y confinamiento, suponen una oportunidad para valorar el potencial de las TIC como herramienta de trabajo, no obstante, según el IIC (ob. cit.), se requiere una infraestructura que permita continuar en cualquier momento con la actividad en remoto ya que al estar preparados la capacidad de reacción es mayor, se puede proporcionar lo necesario para el teletrabajo a todo los empleados y de manera rápida, sin embargo, esto implica que el personal se encuentre formado para desempeñar tareas adecuadamente y emplear la tecnología de manera eficaz e innovadora, para incorporarla en las tareas habituales y que las mismas no se vean afectadas ni ralentizadas. Finalmente, es necesario puntualizar que ningún cambio o transformación puede lograrse en las instituciones educativas sin el compromiso de la gerencia y de cada uno de los actores involucrados en la academia y la gestión, pues no basta con inversión en infraestructura tecnológica, amplia conexión a Internet, dotación de laboratorios y ordenadores, entre otros, sino se tienen claros los objetivos y los lineamientos que orientan el desarrollo de la organización, su misión y visión, y su compromiso ético y responsable con el entorno. Por ello, el papel del docente y del líder continúa siendo uno de los más relevantes al analizar los procesos de integración y uso de las TIC en el sector educativo.

Centrándonos en el rol del docente investigador también es importante considerar su formación y su claridad en cuanto al ¿qué, cómo y para qué investigar?, la reflexión sobre estos aspectos y su propia perspectiva en los planos ontológico, epistémico y metodológico debe estar declarada y documentada en el estudio a los fines de evitar incongruencias ontoepistémicas, lo que pone en evidencia que a la par de afianzar una cultura tecnológica también se requiere desarrollar y afianzar una cultura investigativa.

Mientras pensamos en las interrogantes que formulo, algunas ya se habrán respondido o se habrán generado otras, en todo caso, la intencionalidad de esta obra es propiciar la reflexión y también la duda en el camino hacia la toma de decisiones y la selección y abordaje del objeto de estudio. Para este proceso se han ofrecido algunos insumos y aportes que estoy segura pueden perder vigencia a mediano o largo plazo, pero esa es la riqueza de la comprensión del hecho educativo desde el rol del docente-investigador, la dinámica permanente, el diálogo intersubjetivo, el pensamiento y la mirada en el otro, el buscar el eco en otras voces, para no enseñar sino ayudar a aprender y a emprender.

Espero haber propiciado la duda, generado alguna inquietud o desplazado algunas ideas previas hacia escenarios indagatorios más complejos pero ricos en información y hallazgos para establecer nuevas rutas y generar conocimiento en el ámbito de las TIC y la educación.

REFERENCIAS

Álvarez Botello, J., Torres Velázquez, A. M., & Chaparro Salinas, E. M. (2015). Diagnóstico del liderazgo educativo en las Instituciones de Educación Superior del Valle de Toluca. *Revista De Investigación Educativa*, *34*(1), 51-68. https://doi.org/ 10.6018/rie.34.1.206881

Álvarez de Pon Pau, S. (2001). El mito del líder. Madrid: Prentice Hall

Adams, J. y Yoder, D. (1985) Effective leadership for women and men: EEUU: Ablex Publishing Corporation

Aguilar Bustamante, M. C. (2017). Estudio comparativo del estilo de liderazgo y la cultura organizacional en asociaciones gremiales y directores de programas en psicología en Latinoamérica y España con base en el proyecto Globe. Recuperado de: https://dialnet.unirioja.es/servlet/ tesis?codigo= 158135

Álvarez de Pon Pau, S. (2001). El mito del líder. Madrid: Prentice Hall

Area Moreira, M. (2018) (RED. Revista de Educación a Distancia. Núm. 56, Artíc. 1, 31-01- De la enseñanza presencial a la docencia digital. Autobiografía de una historia de vida docente. Recuperado de: https://www.researchgate.net/profile/Manuel_ Area/publication/323989923_De_la_ensenanza_presencial_a_la _docencia_digital_Autobiografia_de_una_historia_de_vida_doc ente/links/5ad84c56a6fdcc293584c8b8/De-la-ensenanza-presen cial-a-la-docen cia-digital-Autobiografia-de-una-historia-de-vida-docente.pdf

Arroyo, J. y Jubany, L. (2019). Manifiesto por una nueva cultura digital. Recuperado de: https://telos.fundaciontelefonica

.com/telos-112-cuaderno-central-humanidades-en-un-mundo-ste
m-manifiesto-por-una-nueva-cultura-digital/

Bachelard, G. (1974). *La formación del espíritu científico.* Argentina: Siglo veintiuno   editores s.a.

Bass, B. (1990) From transactional to transformational. N.Y.: Harpers and Row

Berbegal, J. (2017) la sociedad del conocimiento y el impacto económico de las universidades. Recuperado de: https://www.universidadsi.es/la-sociedad-del-conocimiento-impacto-economico-las-universidades/

Berzosa, I. (2015). Las TIC en la escuela. una propuesta de integración desde la investigación-acción. (Tesis doctoral). Universidad de Valladolid. Recuperado de: https://uvadoc.uva .es/bitstream/handle/10324/15007/Tesis717-51026.pdf;jsession id=1A80BAFDEC161610E1115343E851EFA5?sequence=1

Bravo B., M. y Pérez de Maldonado, I. (2008). La cultura tecnológica en instituciones educativas. *Laurus, 14*(27),382-394. Recuperado de: https://www.redalyc.org/pdf/761/76111892019 .pdf

Bravo, M. (2006). La cultura tecnológica: implicaciones en la formación docente. (Tesis doctoral). Programa Interinstitucional Doctorado en Educación UPEL-UCLA-UNEXPO, Barquisimeto, Venezuela.

Burns, J. (1976) Leadership. N.Y.: Harpers and Row

Bolívar, A.; López, J. y Murillo, F.J. Revista Fuentes, 14, 2013; pp. 15-6017. Liderazgo en las instituciones educativas. Una revisión de líneas de investigación. Recuperado de: http://institucio

nal.us.es/revistas/fuente/14/Firma%20invitada.pdf

Cabero, J. (2004) Cambios organizativos y administrativos para incorporación de las TICs a la formación. Medidas a adoptar. Edutec. *Revista Electrónica de Tecnología Educativa.* Núm. 18 / Nov. 04. Recuperado de: https://www.researchgate.net/publi cation/28078138_Cambios_organizativos_y_admini strativos_p ara_incorporacion_de_las_TICs_a_la_formacion_Medidas_a_a doptar

Cabero, J. (2015) Reflexiones educativas sobre las tecnologías de la información y la comunicación (TIC). CEF, núm. 1 (mayo-agosto 2015, págs. 19-27). Recuperado de: https://tecnologia-ciencia-educacion.com/index.php/TCE/article/view/27

Calderón, P. y Piñeiro, N. (2004) Actitudes de los docentes ante el uso de las tecnologías educativas. Implicaciones afectivas. Recuperado de: http://www.ilustrados.com/tema/3954/Actitu des-docentes-ante-tecnologias-educativas-Implicaciones.html.

Cameron, K., Mora, C., Leutscher, T., & Calarco, M. (2011). Effects of positive practices on organizational effectiveness. *The Journal of Applied Behavioral Science, 47*(3), 266-308.

Candia, M. (2018) Incursión de las TIC en la educación superior. Recuperado de: https://www.oei.es/historico/divulgacioncie ntifica/?Incursion-de-las-TIC-en-la-educacion-superior

Cao, H. (2017) Liderazgo: evolución y funciones. (Tesis de maestría). Universidad Nacional de La Plata. La Plata, Argentina. Recuperado de: http://sedici.unlp.edu.ar/bitstream/ handle/10915/63833/Documento_completo.%20Evoluci%C3 %B3n%20y%20funciones.pdf-PDFA.pdf?sequence=1&isAllo wed=y

Carrillo, A. (2010) Modelo Teórico desde la estrategia de gobierno electrónico para la transformación de la gestión universitaria de la región centro-occidental. Tesis doctoral. Universidad Bicentenaria de Aragua. Aragua, Venezuela

Carvajal, A. (2011) La cultura tecnológica como base de las capacidades y el aprendizaje tecnológico. Revista Humanidades, Vol. 1, pp. 1-13/ ISSN: 2215-3934Universidad de Costa Rica. Recuperado de: https://www.redalyc.org/articulo.oa?id=49 8050 304004

Castañeda, L. (2015) El conocimiento profesional del profesor: tendencias investigativas y campo de acción en la formación de profesores. Pensamiento, palabra y obra. (14), pp. 8-2. Recuperado de. https://www.academia.edu/42656638/El_con ocimiento_profesional_del_profesor_tendencias_investigativas_ y_campo_de_acci%C3%B3n_en_la_formaci%C3%B3n_de_pro fesores?email_work_card=title

Castells, M. (2001). La galaxia Internet. España: aReTé

Comisión Económica para América Latina y el Caribe (CEPAL) (2018). Agenda Digital para América Latina y el Caribe (eLAC2020). Recuperado de: https://conferenciaelac.cepal. org/6/sites/elac2020/files/cmsi.6_agenda_digital.pdf

Comisión Económica para América Latina y el Caribe (CEPAL) (2020) Estado del Ecosistema Digital de la región de América Latina y el Caribe. Recuperado de: https://www.cepal.org/e s/publicaciones/38916-ecosistema-la-economia-digital-america-latina

Cifuentes, G. y Vanderlinde, R. (2015) Liderazgo de las TIC en educación superior: estudio de caso múltiple en Colombia. Recuperado de: https://www.revistacomunicar.com/index.php

?contenido=detalles&numero=45&articulo=45-2015-14

Clark, C. M y Yinger, R. J (1979). Teacher's thinking. En P. L. Peterson y H. J. Walberg. (Eds), Research on teaching. Berkeley, CA: Mc Cutchan.

Cobo, C. (2016) La innovación pendiente. Reflexiones (y provocaciones) sobre educación, tecnología y conocimiento. Colección Fundación Ceibal. Debate: Montevideo.

Comisión Europea (2012). La Comisión presenta la nueva estrategia Replantear la Educación. Recuperado de: https://ec.europa .eu/commission/presscorner/detail/es/IP_12_1233

Comisión Europea (2017) Capacidades de liderazgo para la alta tecnología para Europa. Recuperado de: http://eskills-scale.eu/fileadmin/eskills_scale/country_reports_high-tech_leadership_skills_for_europe__status_may_2017_/high-tech-leadership-skills-master_es.pdf

Consejo de la Unión Europea (2009). Política europea de cooperación (Marco ET 2020). Recuperado de: https://ec.europa.eu/education/policies/european-policy-cooperation/et2020-framework

Consejo Europeo (2006). Las competencias clave para el aprendizaje permanente. Recuperado de: https://www.boe.es/buscar/doc.php?id=DOUE-L-2006-82748

Consejo Nacional de Política Económica y Social (2020). Documento COMPES. Tecnologías para aprender: política nacional para impulsar la innovación en las prácticas educativas a través de las tecnologías digitales Recuperado de: https://www.mintic.gov.co/portal/604/articles-126403_tpa.pdf

Daft, R. (Ed.). (2006). La Experiencia del Liderazgo. México: CENGAGE Learning.

De la Riva, M. (2012) El paradigma del pensamiento del profesor. Recuperado de: https://www.academia.edu/14079572/El_paradigma_del_pensamiento_del_profesor_2012_http_xictli.syt es.net_90_revista_articulos_index.php_id_3

del Rio, G. (2019). La tecnología, aliada del conocimiento. Telos: Cuadernos de comunicación e innovación, ISSN 0213-084X, N°. 112 (DICIEMBRE), 2019, pp. 50-55 Recuperado de: https://dialnet.unirioja.es/servlet/articulo?codigo=7278001

Delors, J. (1994). Los cuatro pilares de la educación en La Educación encierra un tesoro. México: El Correo de la UNESCO, pp. 91-103. Recuperado de: https://www.uv.mx/dgdaie /files /2012/11/CPP-DC-Delors-Los-cuatro-pilares.pdf

Díaz-Barriga, F. (2012). TIC y competencias docentes en el siglo XXI. En Carneiro, R., Toscano, J.C. y Díaz, T. Los desafíos de las TIC para el cambio educativo (pp. 139-154). Madrid: OEI y Fundación Santillana.

Díaz-Barriga, A. (2013) TIC en el trabajo del aula. Impacto En La Planeación Didáctica. Revista Iberoamericana de Educación Superior, Volume 4, Issue 10, 2013, Pages 3-21. Recuperado de: https://www.sciencedirect.com/ science/article/pii/s2007287213719218

Donoso, R. (1999). *Mito y educación.* Buenos Aires: Espacio

Echeverría, J. (2000). "Educación y tecnologías telemáticas". *Revista Iberoamericana de Educación*, (24) Recuperado de: http://www.eweb.unex.es/eweb/didactica/Tecnologia_Educativa /PDF/Echeverr%EDa.PDF

Egurza, G. (2004). Intentando GNU/Linux. Recuperado de: http://www.solar.org.ar/article.php3?idarticle=146. [Consulta: 2005, septiembre 15].

Elorriaga, T. (2018). Conciencia de la necesidad de un nuevo Liderazgo para un nuevo Tiempo. Recuperado de: https://tomaselorriaga.com/2018/06/28/el-mejor-entorno-de-trabajo/

Espinosa M., J.C., Contreras T., F. y Barbosa R., D. (2015) Prácticas de liderazgo y su relación con la cultura en un grupo de países latinoamericanos. Diversitas: Perspectivas en Psicología, vol. 11, núm. 2. Recuperado de: https://www.redalyc .org/jatsRepo/679/67944781010/html/index.html

Fernández-Gubieda Lacalle, S. (2020). DOCENCIA RUBIC. Aprendizajes de la enseñanza universitaria en Tiempos de la Covid-19. EUNSA. Recuperado de: https://www.unav.edu/do cuments/24640148/26406619/RubicSueltas.pdf

Figueroa, I. (2011) La integración curricular de las TIC en el ámbito de la educación especial. Recuperado de: http://www.cread es s.org/index.php/informate/especiales/cop-17/31-blogs/5335-96

Flores, K. (2019). Gestión del conocimiento en entornos tecnológicos de tercera generación: una perspectiva etnográfica desde postgrado de la UPEL IPB. (Tesis doctoral). Universidad Yacambú, Barquisimeto, Venezuela.

Frost, D. y Harris, A. (2003) Teacher leadership: towards a research agenda. Cambridge Journal of Education, 33:3, pp. 479-498.

Gama, M. (2019). Exclusión y deriva Dinámicas fronterizas de la digitalidad en: Reyes, A. y Buj, J. Coord. Fundación Telefónica. Recuperado de: https://www.fundaciontelefonica.com.mx/publi

caciones/pagina-item-publicaciones/itempubli/700/

García Aretio, L. (2002) Ni analfabetos ni dependientes. Editorial del BENED, Recuperado de: http://e-spacio.uned.es/fez/eser v/bibliuned: 20130/nianalf.pdf

García Valcárcel, A. (2003). *Tecnología Educativa*. Madrid: La Muralla S.A.

Ghiselli, E. (1970) (1970). Psicología industrial, su aplicación al personal de la empresa. La Habana: Revolucionaria

Giroux, H. A. (1990). *Los profesores como intelectuales*. Barcelona: PAIDÖS

Gómez-Rada, C. (2002). Liderazgo: conceptos, teorías y hallazgos relevantes. *Cuadernos Hispanoamericanos De Psicología* Volume 2, Issue 2, Pages 61-77

Gonos, J. y Gallo, P. (2013). Model for leadership style evaluation. Management, 18(2), 157–168.

Gonos, J. y Gallo, P. (2013). Model for leadership style evaluation. Management,18(2),157–168. Recuperado de: https://hrcak.srce.h r/index.php?id_clanak_jezik=166316&show=clanak

González Pérez, A. y de Pablos Pons, J. Factores que dificultan la integración de las TIC en las aulas. Revista de Investigación Educativa, vol. 33, núm. 2, 2015, pp. 401-417. Recuperado de: https://www.redalyc.org/pdf/2833/283341409010.pdf

Gross, B. (2000). El ordenador invisible, hacia la apropiación del ordenador en la enseñanza. Barcelona: Editorial Gedisa.

Gutiérrez Martín, A. (2007) Integración curricular de las tic y educación para los medios en la sociedad del conocimiento. Revista iberoamericana de educación. Recuperado de: https://rieoei.org/historico/documentos/rie45a06.htm

Hodges, C., Moore, S. Lockee, B., Trust, T. y Bond, A. (2020), The Difference Between Emergency Remote Teaching and Online Learning Recuperado de: https://er.educause.edu/articles /2020 /3/the-difference-between-emergency-remote-teaching-and-onl ine-learning

House, R.J., Hanges, P.J., Javidan, M., Dorfman, P.W., & Gupta, V. (eds.). (2004). Culture, Leadership, and Organizations: The GLOBE Study of 62 Societies. Th ousand Oaks: Sage Publications.

Hughes, G. (2007). Liderazgo. India: Mc GrawHill

Instituto de Ingeniería del Conocimiento. (2020) Evaluación de competencias digitales. Recuperado de: https://www.iic.uam.es /soluciones/recursos-humanos/evaluacion-competencias-digital es/

Instituto Nacional de Tecnologías Educativas y Formación del Profesorado (INTEF) (2017) titulo Recuperado de: https://aprende.intef.es/sites/default/files/2018-05/2017_1020 _Marco-Com%C3%BAn-de-Competencia-Digital-Docente.pdf

López Felipe, M.T. (2013) UNIVERSIDAD DE MURCIA DEPARTAMENTO DE SOCIOLOGÍA Y POLÍTICA SOCIAL La cultura organizativa como herramienta de gestión interna y de adaptación al entorno. Un estudio de casos múltiple en empresas murcianas. (Tesis doctoral) https://www.tdx.cat/bitstrea m/handle/10803/117203/TESIS.pdf?sequence=1

Lombeida, M. (2019) Incentivo del liderazgo compartido en la

Educación Superior. Dominio de las Ciencias. Vol. 5, (1), ene, 2019, pp. 385-400. Recuperado de: https://dialnet.unirioja .es/servlet/articulo?codigo=6869928

Marcelo, C. (1987) El pensamiento del profesor. Barcelona: Ceac.

Marcelo, C., Puente, D., Ballesteros, M. y Palazón, A. (2002). *Learningteleform@ción*. Barcelona: Gestión 2000.com

Marqués, P. (2010) 6 Claves para una buena integración de las TIC en los centros docentes presentación electrónica en línea. Recuperado de: https://player.slideplayer.es/1/85321/#

Marsellés Vidal, A. (2007) Actitudes y procesos de pensamiento de los profesores de la Etapa Infantil ante las diferencias de sus alumnos y sus familias. Una concepción preventiva. (Tesis doctoral), Universidad de Lleida. España. Recuperado de: https://dialnet.unirioja.es/servlet/tesis?codigo=7863

Martínez-Carrera, I., Martínez-Carrera, S. y Alonso-Carnicero, A. (2018). Importancia de la gamificación como recurso en la educación de adolescentes Universidad de Vigo, España. Recuperado de: https://dialnet.unirioja.es/servlet/articulo?cod igo =7359904

Mastache, A. (2009). Formar personas competentes. Buenos Aires: noveduc

Mauri, T. y Onrubia, J. (2008) El profesor en entornos virtuales, condiciones, perfil y competencias, en Coll, C. y Monereo, C. (Comps). Madrid: Morata.

Ministerio de Educación Colombia (2013). Competencias TIC para el desarrollo profesional docente. Recuperado de: https://www.mineducacion.gov.co/1759/articles-

339097_archivo_pdf_competencias_tic.pdf

Monereo, C. y Pozo, J. (2008) El alumno en entornos virtuales de aprendizaje, condiciones, perfil y competencias, en Coll, C. y Monereo, C. (Comps). Madrid: Morata.

Murillo, S. y Muñoz-Repiso, M. (2002). La mejora de la escuela. Un cambio de mirada. España: Octaedro.

Navarro, M. (2019) En Navarrete, Z y Rojas, I. (Comp.) Tecnologías de la información y comunicación en educación superior. México: UNAM. Recuperado de: https://reddolac.org/pro files/blog/show?id=2709308%3ABlogPost%3A2124397&xgs= 1&xg_source=msg_share_post

Noriega, A. (2015). el líder carismático; situacional y burocrático. Recuperado de: https://2-learn.net/director/el-lider-carismatico-situacional-y-burocratico/

Nuño, P. (2018). Características de la cultura organizacional. Recuperado de: https://www.emprendepyme.net/caracteristicas-de-la-cultura-organizacional.html

Observatorio de Innovación Educativa (2015). Tecnológico de Monterrey Educación basada en competencias. Reporte de edutrens. México: Autor. Recuperado de: https://observatorio.tec.mx/edutrendsebc

Orellana McBride, A. (2007) Cultura Científico-Tecnológica y Grupos Minoritarios. El caso de las Personas con Discapacidad (Tesis doctoral). Recuperado de: https://gredos.usal.es/bitst ream/handle/10366/56037/IUECYT_Tesis_ArlynOrellana_200 8.pdf?sequence=1&isAllowed=y

Organización de Naciones Unidas- (2015) Objetivos de Desarrollo sostenible. Recuperado de: https://www.un.org/sustainabled evelopment/es/

Owen, M., Barajas, M. y Kikis, K. (2003). La problemática institucional del aprendizaje virtual. En Barajas, M. (Comp). (2003). *La tecnología educativa en la enseñanza superior.* (pp.49-63). Madrid: McGrawHill.

Padilla-Hernández, A., Gámiz-Sánchez, V. y Romero-López, A. (2020) Evolución de la competencia digital docente del profesorado universitario: incidentes críticos a partir de relatos de vida. Recuperado de: https://ddd.uab.cat/pub/educar/edu car_a2020v56n1/educar_a2020v56n1p109.pdf

Palomo, R; Ruiz, J. y Sánchez, J. (2005). Las TIC como agentes de innovación educativa. Andalucía: Junta de Andalucía.

PARLAMENTO EUROPEO Y EL CONSEJO DE LA UNIÓN EUROPEA, (2006) (2006/962/CE). Recomendación del Parlamento Europeo y del Consejo sobre las competencias clave para el aprendizaje permanente. Recuperado de: https://eur-lex.europa.eu/legal-content/ES/TXT/HTML/?uri=CELEX:3200 6H0962&from=EN

Pedró, F. (2016) Educación, tecnología y evaluación: hacia un uso pedagógico efectivo de la tecnología en el aula. En: Experiencias evaluativas de tecnologías digitales en la educación, Sao Paula, Brasil: Fundação Telefônica Vivo. Recuperado de: https://unesdoc.unesco.org/ark:/48223/pf0000247331

Peirano, C. (2016). Los desafíos en evaluación de programas de innovación educativa. En: Experiencias evaluativas de tecnologías digitales en la educación, Sao Paula, Brasil: Fundação Telefônica Vivo. Recuperado de: https://unesdoc.unesco.org/ark:/48223/pf0000247331

Pegenaute, P. (2005). *El Espacio Europeo de Enseñanza Superior y los nuevos roles de profesor y alumno.* Recuperado de: https://www.educaweb.com/noticia/2005/04/25/espacio-europeo-ensenanza-superior-nuevos-roles-profesor-412/

Peirats Chacón, J.; Rodríguez Rodríguez, J.; San Martín Alonso, A. (2019). Controversias del liderazgo escolar en la implantación de materiales digitales. Campus Virtuales, 8(2), 19-34. Recuperado de: https://dialnet.unirioja.es/servlet/articulo?codigo=7151660

Perafán A. (2005). Epistemologías del profesor de ciencias sobre su propio conocimiento profesional. Revista Enseñanza de las Ciencias, número extra VII Congreso, (pp.1-4).

Perafán, G. (2002). *Pensamiento y conocimiento de los profesores.* Colombia: Universidad Pedagógica Nacional-colciencias

Pérez Ferra, M. (2000) Conocer el currículum para asesorar en centros. Málaga: Aljibe.

Piñero Martín, M. L., Rivera Machado, M.E. y Esteban Rivera, E. R. (2019). Proceder del investigador cualitativo- Precisiones para el proceso de investigación. Huánuco: Perú: Coeditado por Universidad Nacional Hermilio Valdizán y UPEL: Lima.

Plan Nacional Integral de Educación (PLANIED) (2017). Competencias de educación digital. Recuperado de: http://eduteka.icesi.edu.co/pdfdir/educar-compencias-eduacion-digital.pdf

Porras Hernández, L.; López Hernández, M.; Huerta Alva, M. (2005). Integración de TIC al currículum de telesecundaria. Incidiendo en procesos del pensamiento desde el enfoque comunicativo funcional de la lengua. Revista Mexicana de Investigación. Educativa, Vol. 15, Núm. 45, abril-julio, 2010, pp. 515-551. Recuperado de: http://www.scielo.org.mx/scielo .php?script=sci_arttext&pid=S1405-66662010000200008

Quintanilla, M. A. (1997). Cultura tecnológica. Recuperado de: http://www.campusred.net/TELOS/anteriores/num_042/opi_ed itorial0.html [Consulta: 2005, diciembre 11].

Queupil, J. y Montecinos, C. (2020) el liderazgo distribuido para la mejora educativa: análisis de redes sociales en departamentos de escuelas secundarias chilenas. Revista Iberoamericana sobre Calidad, Eficacia y Cambio en Educación 18(2):97-114. Recuperado de: https://www.researchgate.net/pu blication/339 943456

Real, J. (2011). Modelos educativos en el uso de las TIC. Recuperado de: https://es.slideshare.net/realjulio/modelos-educa tivos-en-el-uso-de-las-tic

Ríos Reyes, A. (1999). La cultura organizacional. Recuperado de: https://docplayer.es/17182414-Definicion-de-cultura- organizacional-dr-amilcar-rios-reyes-nov-1999.html

Rodríguez Mondéjar, F. (2001). El profesorado y la incorporación de los medios informáticos y las nuevas tecnologías en los centros educativos. Recuperado de: http://www.cibereduca.com /temame s/ponencias/agosto/p10/p10.htm. [Consulta: 2005, marzo 10].

Ruíz Bolívar, C. (2003). Pensamiento del Docente, Estrategia Instruccional y Resultados Educacionales en una Sociedad en Transición. *Docencia Universitaria*. IV (1), 85-104.

Salinas Ibáñez, J. (2008). Innovación educativa y uso de las TIC. Sevilla: Universidad Internacional de Andalucía. Recuperado de: https://dspace.unia.es/bitstream/handle/10334/2524/innovacione

duc2008.pdf?sequence=1

Salinas, J. (1999). Criterios generales para la utilización e integración curricular de los medios. En Cabero, J. (ed) Tecnología educativa. Madrid: Síntesis. 107-130

Salinas, J. (2013). Enseñanza Flexible y Aprendizaje Abierto, Fundamentos clave de los PLEs. En L. Castañeda y J. Adell (Eds.), Entornos Personales de Aprendizaje: Claves para el ecosistema educativo en red (pp. 53-70). Alcoy: Marfil.

Sarramona, J. (1990). Tecnología educativa: una valoración crítica. Barcelona: CEAC

Schein, E. (1988). *La cultura empresarial y el liderazgo. Una visión dinámica.* Barcelona: PLAZA & JANES Editores S.A.

Serrano S., R. (2010) Pensamientos del profesor: un acer-camiento a las creencias y concepciones sobre el proceso de enseñanza-aprendizaje en la Educación Superior. Revista de Educación, 352. Mayo-Agosto 2010 pp. 267-287. Recuperado de: http://www.revistaeducacion.educacion. es/re352 /re352_12 .pdf

Siemens, G. (2015). "Adios Ed Tech. Hola something else". Elearnspace. Recuperado de: http://www.elearnspace.org/blog/ 2015/09/09/adios-ed-tech-hola-something-else/.   [Consulta: 2017, enero 15]

Silva, M. (2005). *Educación interactiva. Enseñanza y aprendizaje presencial y on-line.* Barcelona: gedisa.

Solé Blanch. J. (2020) El cambio educativo ante la innovación tecnológica, la pedagogía de las competencias y el discurso de la educación emocional. Una mirada crítica. Recuperado de: https://dialnet.unirioja.es/servlet/articulo?codigo=7174734

Stogdill, R. M. (1948). Personal factors associated with leadership: A survey of the literature. Journal of Psychology, 25, 35–71.

Téllez, M. (2000). *Repensando la educación en nuestros tiempos. Otras miradas, otras voces*. Buenos Aires: edu/causa.

Tobón, S. (2006). Aspectos básicos de la formación basada en competencias: Talca: Proyecto Mesesup, Recuperado de: https://docplayer.es/1565883-Aspectos-basicos-de-la-formacion-basada-en-competencias-autor-sergio-tobon-talca-proyecto-mesesup-2006.html

Tobón, S., Rial Sánchez, A., Carretero, M.A. y García, J. A. (2006) *Competencias, calidad y educación superior*. Bogotá: Magisterio.

Torrent, J. y Ficapal, P. (2009) TIC, Conocimiento, Redes y Trabajo. UOC: Barcelona, España. Recuperado de: https://www.researchgate.net/publication/261798073_TIC_conocimiento_redes_y_trabajo

Tracy, B. (2015) Liderazgo. EEUU: Grupo Nelson

UIT (2005) Cumbre Mundial sobre la Sociedad de la Información. Recuperado: https://www.itu.int/net/wsis/outcome/booklet-es.pdf

UIT (2017a) Informe sobre la Medición de la Sociedad de la Información de 2017 Resumen. Recuperado de: https://www.itu.int/en/ITU-D/Statistics/Documents/publications/misr2017/MISR2017_ES_S.pdf

UIT (2017b) Measuring the Information Society Report 2017. Volume 1. Recuperado de: https://www.itu.int/en/ITU-D/Statis

tics/Documents/publications/misr2017/MISR2017_Volume1.pd

UIT (2017c). ICT Development index 2017. (Rank). Recuperado de: https://www.itu.int/net4/ITU-D/idi/2017/index.html #idi201 7comparison-tab

UIT (2018). Estimaciones mundiales y regionales de TIC para 2018. Recuperado de: https://www.itu.int/en/mediacentre/Pages/2018-PR40.aspx

UIT (2019a) Inclusión digital para todos. Recuperado de: https://www.itu.int/es/mediacentre/backgrounders/Pages/digital-inclusion-of-all.aspx

UIT (2019b) 10º Foro de la Cumbre Mundial sobre la Sociedad de la Información y Líneas de Acción. Recuperado de: https://www.itu.int/net4/wsis/forum/2019/

UIT (2019c). Medición del desarrollo digital: hechos y cifras 2019. Recuperado de: https://www.itu.int/en/ITU-D/Statistics/Pages /facts/default.aspx

UIT (2019d) Documento de los resultados del Foro de la CMSI 2019. Recuperado de: https://www.itu.int/en/itu-wsis/Documents/Forum2019/DRAFT-WSISForum2019OutcomeDocument.pdf?CB=NMS8HY

UNESCO (2004). Las tecnologías de la información y la comunicación en la formación docente. Guía de planificación. Recuperado de: https://pide.files.wordpress.com/2007/08/doc umento-unesco-tic-y-formacion.pdf

UNESCO (2008) Marco de competencias de los docentes en materia de TIC UNESCO. Recuperado de: https://unesdoc.unesco.org/ ark:/48223/pf0000371024?fbclid=IwAR1Fl_5c4W9G206eh5A

AMkcc-PGXx2QT3PBx1mVETRcj TlvC_yEZErXmrYI

UNESCO (2016) Educación 2030: Declaración de Incheon y Marco de Acción
para la realización del Objetivo de Desarrollo Sostenible 4. Recuperado de: https://unesdoc.unesco.org/ark:/48 223/pf00 00245656_spa

UNESCO (2018) Indicadores de la UNESCO sobre la universalidad de Internet. Recuperado de: https://unesdoc.unesco.org/ark :/48223/pf0000265830

UNESCO (2019). Marco de competencias de los docentes en materia de TIC. Recuperado de: https://es.unesco.org/themes/tic-educacion/marco-competencias-docentes

Universitat Oberta de Catalunya (UOC) (2020). Sobre la docencia no presencial de Emergencia. Recuperado de: https://www.uoc .edu/portal/es/coronavirus/docencia-emergencia/ensenanza-rem ota/index.html

Velásquez, L. (2006). Habilidades Directivas y Técnicas de Liderazgo. España: Ideas Propias

Vroom, V. y Yetton, P. (1973). Leadership and decision making. Pittsburgh: University of Pittsburgh Press.

Warrick, D. (1981). Leadership styles and their consequences. Journal of Experiential Learning and Simulation 3-4: 155-172. Recuperado de: https://pdfs.semanticscholar.org/d91f/e96d2 d72d92324d2c73e8fa637e79d5b34da.pdf

Yánez, J. y Area Moreira, M. (1998). El final de las certezas. La formación del profesorado ante la cultura digital. Recuperado de: https://dialnet.unirioja.es/servlet/articulo?codigo=1410493.

www.ingramcontent.com/pod-product-compliance
Lightning Source LLC
LaVergne TN
LVHW020055210726
843507LV00016B/2285